気になる人

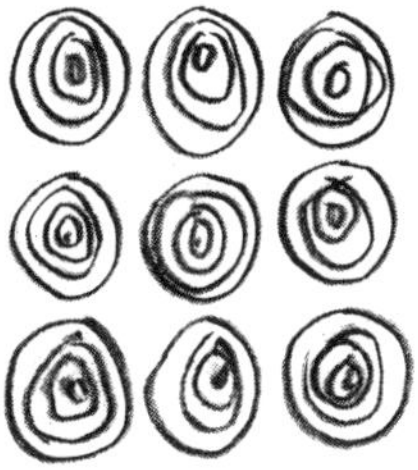

渡辺京二
Watanabe Kyoji

晶文社

気になる人　目次

装丁・レイアウト　矢萩多聞

気になる人がいる。
その人の生きている姿や風情に心ひかれる。
どういう人だろう。
どんな生きかたをして来たのだろう。
自分の場所がちゃんとあるように見える。
小さい場所かも知れないが、まぎれもなくその人の場だ。
それを垣間見たかった。
これはそういう私の物好きが生んだ小さな場所の訪問記である。

1

どこにも属せないから、世界をつくる

建築家・作家の坂口恭平さん

坂口恭平さんは、1978年熊本市生まれ。早稲田大学理工学部建築学科卒業。2004年に卒論をもとに日本の路上生活者の住居を収めた写真集『0円ハウス』を刊行。東日本大震災後の2011年5月に独立国家を樹立し、新政府総理大臣に就任。
『独立国家のつくりかた』『坂口恭平躁鬱日記』『ズームイン、服！』など、つぎつぎと著書を送り出す。さらに『幻年時代』（熊日出版文化賞を受賞）、『徘徊タクシー』などの小説も発表。
インタビューは熊本市中央区の坪井川沿いに建つ「ゼロセンター」で行われた。木造2階建ての古民家をほぼ「0円」で改装した建物には、若者を中心に日本中から人が集う。

渡辺　ここ（ゼロセンター）で家族と住んでらっしゃるの？
坂口　いや、ここは仕事場です。ちょうどうちの娘の幼稚園が近く、娘を送ってから、ここで夕方まで執筆して、娘を迎えに行って帰る感じですね。
渡辺　うちでも書くの？
坂口　残ったら、うちでも書きます。でも、僕そんなに毎日長時間は書いていないんですよ。
渡辺　じゃなに、ここは仲間が集まる家なの？
坂口　そうです。今、二人住んでいるんです。
渡辺　それ以外に市内に拠点があるんですか？
坂口　僕は一カ所じゃ書けないんで、ほかのところでも書いてます。早川倉庫って古い倉庫があるんですけど。
渡辺　何か劇場になってるとこ？
坂口　そうです。そこの屋根裏みたいなところを借りて、二〇一三年七月に刊行した『幻年時代』という小説はそこで書き上げました。
渡辺　早川倉庫ってどこにあるの？
坂口　万町《よろずまち》ってとこです。
渡辺　もとは何だったとこ？
坂口　もともとは造り酒屋をやっていた人のものだったらしいですけど。

渡辺　だったら、広いだろ？
坂口　広いですね。裏に屋根裏部屋みたいなものがあって、そこを間借りして書いたりしています。
渡辺　そこも0円かい？
坂口　そうです。0円です（笑）。
渡辺　たいしたもんだね？　0円で借りれるなんて。それはあなたの魅力ですか？
坂口　何なんですかね（笑）。
渡辺　その劇場スペースもあなたが借り受けて、オーナーみたいになっているわけ？
坂口　いえ、違いますよ。早川さんという方が住んでいて、劇場も彼が運営しています。
渡辺　じゃ、あなたはそこにどうかかわっているの？
坂口　僕は、芸術家が熊本に来たときにそこに連れていくんですよ。こういう場所があるよって。
渡辺　ああ、そうやって、その劇場でライブをやったり、お芝居をしたりするんだね。
坂口　最初はお芝居をやったのがきっかけでした。
渡辺　そのお芝居は熊本の劇団ですか？
坂口　岡田利規《おかだとしき》っていう劇作家がいて、彼も僕と同じ時期に東京から移住して来たんです。
渡辺　その方は熊本には住んでらっしゃるの？

坂口　家族が住んでいまして、本人は世界中を飛び回っています。

文章としての魅力

渡辺　『幻年時代』を読ませてもらったんだけど。
坂口　あ、本当ですか？　ありがとうございます。
渡辺　かなり刷った？
坂口　初版で八〇〇〇ぐらいかな。
渡辺　八〇〇〇も刷ったの？　すごいね、あなたは。なかなか普通そうはいかないよ、文芸書は。売れない作家は三〇〇〇ぐらいからいくもんだけど、さすが売れっ子だね。
坂口　いやいや。
渡辺　あれは、とても良い作品ですね。何て言うのか、文章がいいんですよね。
坂口　僕自身は文章が書けるとは思っていないんですけど。
渡辺　いやいや。ああいう、一種の小説と言っていいと思うけど、初めて書いたわけじゃないんでしょ？
坂口　初めてに近いと思いますね。僕がその前に書いたのが、『隅田川のエジソン』ですね。

これはホームレスのおじさんに会って書いた小説なんですけど。

渡辺　じゃあ、小説としては二作目なんだね。

坂口　そうですね、二作目かな。

渡辺　それにしても僕が感心するのは、あなたの文章の格が非常に正しいことなんですね。「格」が正しいというのは、正しい日本語を使っているということですが。

坂口　ほんとですか？　僕は、いつもそうじゃないって言われるんですけど（笑）。

渡辺　つまり今どきの若手の書き手は、面白おかしく書くわけだ。面白おかしく書いて、文章はというと、個性がない。同じような流行の、今どきの文章というかね。読みやすいし、ちゃんと書けているけど、文章としての魅力はない。あなたのはね、文章としての魅力があるんですよ。

坂口　今回、『幻年時代』は、生まれて初めて推敲したんですが、そういうのも関係しているかもしれないですね。後は、自分の問題についてもっと書いてみようと思いましたね。

渡辺　自分を掘り下げたの？

坂口　自分を掘り下げたというか……。表現するってことは、自分の中で普段は見せないところを出していることもある。『独立国家のつくりかた』では、見せてるところもあったけど、見せていないところもあった。なんかそこにもうちょっと踏み込もうという感じですかね。

渡辺　『独立国家のつくりかた』の文章も上手だけど、『幻年時代』は全然文章の質が違いますよ。『独立国家のつくりかた』は文学じゃない。一つの宣言であり、宣伝でもある。でも、『幻年時代』は非常に正しい格の文章だし、文学として一級品ですよ。今の若い人は言葉遣いを間違えるんですよね。

坂口　それ、ちょっと僕もどきっとします（笑）。

渡辺　いやいや、今の若い人は、変な言葉遣いをするわけですが、それがあなたにはない。そして、文章がね、普通の文章じゃないんですよ。つまり、あなたは発想が異常なんです。本当の作家というのは、文章が異常なんです。文章には、その人の物に対するタッチの仕方、手触り、視点、それが質感となって出てくる。ある程度才能のある人なら、分かりやすい文章で、面白おかしく物語を書いていくことはできるけど、『幻年時代』のような文章は発想が異常な人にしか書けない。その人独自の感覚を表しているという文章を書く作家は少ないんですが、あなたにはそれがある。

坂口　不思議ですね。僕は小説を読んだことないんですよ（笑）。また、これが最悪の話なんですけど。小説がまったく読めなくてですね。

小学校のときは芥川が好きだった

渡辺　子どものときは、物語読んだろ？

坂口　童話とかは読んでいたかな。

渡辺　『エルマーのぼうけん』とかは？

坂口　『エルマーのぼうけん』は大好きでした。

渡辺　僕はあのシリーズを全部、子どもに買ってやったんだよ。

坂口　僕も買ってもらいました。

渡辺　誰が買ってくれた？

坂口　母親だと思います。僕は小さいときに、『エルマーのぼうけん』の演劇を福岡に見に行ったんですよ。小学校一年生か二年生のときだったかな。劇団プークというプロの劇団がやったやつです。

渡辺　ああ、有名な劇団だね。それはそうとして、少年時代はあんまり物語は読まなかったんですか？

坂口　僕がしっかり覚えているのは、『エルマーのぼうけん』と、父親に買ってもらった芥川龍之介の全集ですかね。

渡辺　それはいくつだい？

坂口　小学校三、四年だったかな。

渡辺　そりゃ、無茶だ。無茶なことをするお父さんだね。子ども向けに書いたやつかい？

坂口　ポプラ社の緑のやつ。

渡辺　ポプラ社？　子どもの本を出すところだね。そうすると、例の「蜘蛛の糸」とかさ、あんなやつだろ？

坂口　そうです。でも、僕が感激したのは「トロッコ」っていう短編があるでしょ。

渡辺　ああ、有名な短編だ。それは、小学校何年のときなの？

坂口　だいたい四、五年生のときかな。

渡辺　でも、そりゃ、すごいね。小学四年生ぐらいで「トロッコ」を読んだというのは、大した経験ですね。

坂口　後は、「三つの宝」という戯曲ですね。全集のうちの一つだと思うんですけど。

渡辺　そうすると、あんまり小説を読んでないってことないじゃないか。

坂口　弟はどんどん読んでいくんですけど、僕はたくさんは読んでいないんです。もちろん「トロッコ」とか「三つの宝」とかは面白いと思って、そのまま戯曲を書いたりもしました。小学校五年生のときに、学芸会の脚本を書いた記憶があって、あと連載小説もすでに書き始めていましたね。それから、小学校五年生のときには新聞係をやってて、学校であった出来事を書いたりするんですけど、あんまり面白くないと思って、それはそれでやりつつ、「坂口恭平日日新聞」というものも月に一回ぐらい書いて配ってたんです。新聞のレイアウトが好きなんですが、それをザラ紙にコピーしてもらって。

渡辺　何部ぐらいコピーしたの？

坂口　三五人ぐらいのクラスだったから、そのくらいです。

渡辺　それに連載小説を書いたんだ。どんな話だったの？

坂口　何ですかね（笑）。子どもが、「不思議の国のアリス」みたいに穴を見つけて、その中に入るとかみたいな。

渡辺　アリスは読んでたの？

坂口　読んでたというか、知っていたというか。僕の場合、ちょっとそういうところがあって、物語の感覚だけ受け取って、そのまま読んでないんです。

渡辺　ちょっと待ってください。小学生のときに、小説を書いた、お芝居も書いた、あと大きくなってからはそういうことはしてなかったの？

坂口　そうですね。小学校のときから止まってたんです。中学、高校ではまったくしないで、青年時代もしていない。

渡辺　小学校のときに芥川を読むというのは、早い経験だよね。その後、しかし、それが縁になって文学書を読むってことにはならなかったんですか。

坂口　入り込みはしなかったんですよね。

渡辺　でもさ、ほかに少年が入り込むような冒険小説とかね、いっぱいあるじゃないですか。そういうものは読まなかったの？

坂口　『コンチキ号漂流記』は読んだんですけど。

渡辺　あれは、子どもの読むものじゃないよ。読んでもいいけどね。それに、ノンフィクションだしね。

坂口　僕は、冒険物語だと思っていたんですけどね。

渡辺　ほかにさ、ロビンソン・クルーソーとか、巌窟王とか、三銃士とかいっぱいあるでしょ。そういうものは読まなかったの？

坂口　そうですね。読んでないですね。

非行はせず、割とまじめでした

渡辺　あなたはいつ熊本に来たんですか？

坂口　小学校三年生です。

渡辺　生まれて育ったのは、福岡県糟屋郡の新宮町ということですが、福岡のどの辺ですか？

坂口　福岡県のちょっと上の方で、玄界灘に接してました。海の中道公園の近くです。

渡辺　あなたはそこの電電公社の団地で、現代風の生活を小学校時代までやったのね。そして熊本では日吉小学校なんだね。そうすると、全然生活環境は変わったわけだ。

坂口　電電公社の団地は、みんな顔見知りのようなところでしたが、引っ越してきた熊本の日吉校区の周りには全くコミュニティーがなくて、いきなりそこにぼんと入るような感じではありました。

渡辺　熊本に来て別に違和感はなかったの？

坂口　父も母も熊本人なんですけど、そんなに熊本弁はしゃべってなかったんで、違和感は感じました。それから、なぜか僕は登校した初日に、学級委員長に選ばれてしまうんですよね。そして巻き込まれちゃう感じで。

渡辺　人気があったの？

坂口　人気というか、何も、まだ分からないでしょ。

渡辺　勉強はできていたんだよね。

坂口　できていたというか、分からなくはなかったですね。ちゃんと理解はしていたし。

渡辺　中学はどこ？

坂口　城南中です。川尻のほうです。
渡辺　熊本高校はそこから通ったの？　大学に入学するまでずっとそこ？
坂口　そうですね。
渡辺　そこから自転車で熊本高校まで通ったんだね。街では遊んでたの？
坂口　そんなに激しくは遊んでないですけど、あちこち回ってましたね。
渡辺　どんなとこ？　どんな遊びをやっていたの？
坂口　上通（長いアーケードのある商店街）とか並木坂（上通より続く並木のある通り）とかで、ご飯食べたり。僕は中学三年ぐらいから音楽をやっていたので、ギターを弾いて歌ってもいましたね。曲も作ったりしていました。
渡辺　変な話だけど、非行はしていないの？
坂口　非行はしていないですね。まじめでした。
渡辺　街で楽しみと言ったら？
坂口　ウッドペッカーというCD屋に行ったりしていましたね。並木坂の二階にあったお店です。
渡辺　そういう街遊びは高校から？
坂口　中学校のときには、女の子と遊びに行っていましたよ。
渡辺　僕が聞きたいのは、あなたは高校までしか熊本を知らないわけだよね。じゃあ、高校生のときに、熊本の城下町（中心街）には親しみを持ちましたか？

坂口　親しみを持ったというか、いろいろ知っていったという感じですかね。建築にも触れましたしね。上通周辺にいろんなお店があったんですよ、食事屋さんとか。インド料理屋とか、壱之倉庫とか。城南中の近くにも、芳文という喫茶店があるんですけど、そこも蔵を改装したお店で、そういう建物が面白いと思ったのが、建築家になりたいという思いとつながってきた感じですね。

本当にやりたいのは何？

渡辺　あなたは学生時代に一日街頭に立って、歌うと一万円になったんだって？　これで自分はずっと食っていけると思ったと、書いてらっしゃるね。何時間ぐらいで一万円になるの？

坂口　それは、かなりかかりますよ。夜一〇時ぐらいから朝四時ぐらいまでかな。

渡辺　それにしても大変なもんだね。それから、ホテルでもアルバイトしてるよね。

坂口　初めはワシントンホテルですけど、その後はヒルトンホテルですね。

渡辺　そこでおばあちゃんたちの肩をもんで、えらいお小遣いをもらっているんですよね。

坂口　そうですね（笑）。えらいチップをもらってました。

渡辺　その後の君の世の中への出方といったら、建築家になりたいと思って勉強して、でも、普通の建築家にはなりたくないと思い、その後はモバイルハウスを作って、その写真集を作って、それが売れて、また絵が売れて、という感じですね。その後は、簡単に言ってしまえば、「0円ライフ」という理念を、本にいろいろ書いて、その先はどこに向かおうかというところだね。これがざっとしたあなたの軌跡だと思ってよろしいですか？

坂口　そうです。

渡辺　そうすると、あなたはミュージシャンであり、独特の建築家でもある。この独特の建築家というのは、僕に言わせると、一種のモダンアートの彫刻家と変わらない。つまり、モダンアートというのは、いろんな廃材や金属なんかを集めてきて、溶接したりして、作り上げるようなものがいっぱいあるでしょ。0円ハウスというか、モバイルハウスというのは、それと違って実用性はあるよね。実用性はあるが、一つのオブジェ、造形としてみれば、現代彫刻と称している造形とあんまり変わらないように思う。そういう点では、一種の造形芸術家である。そして、画家である。画家って言ったらいいのかな、イラストレーターかな。

坂口　そんなに技術はないです。イラストっていっても、仕事として描いているわけじゃない。

渡辺　油絵は？

坂口　油絵は描きません。僕のはペン画に近いんです。ペンだけで複雑な絵を書くんです。

渡辺　しかし、まあ、あなたは才能があるね。そして、また思想家、現代文明批判家というか、現代文明に対する一つの論客という面も持っているわけだね。いろんな多面的なものを持っているけど、本当にやりたいのは何？　そういう多面性で、自分が定義されないような坂口恭平でいきたいの？

坂口　もともと僕は、この道一筋みたいなのはできなくて、今の社会の中で、やりにくさを感じてきた。そういう社会のあり方に対して、自分でもちょっと疑問を感じてきたんです。建築をやりたいんだけど、なんか自分の素質としてちょっと違うというか。

渡辺　やりたいっていう意味はさ、君は普通の家は建てたくないと言っているだろ？

坂口　建てられるように妄信してやりたかったんだけど、結局止まっちゃうんですよね。たとえば現代美術家としてやろうとした場合、ちゃんとギャラリーに所属して、ほとんど商品に近いものを作りたいかというと、それは作りたくなくてまた止まっちゃう。で、今の僕はギャラリーに所属せず、自分の絵も個人的なやり方で売っています。そういう意味では、自分のこと中途半端だなと思ってたんですよ。そういうことを、ダメなのかと思っていたんですよ。

渡辺　うそ言いなさい、自信満々だろ。

坂口　ま、やること自体には、もちろん自信ありますよ。

渡辺　あなたは絵や造形や文章、音楽などいろんな才能を持ってらっしゃる。つまり、そういった表現者としての自分と、社会に対して別な暮らし方や別な生き方、別な文明の在り方があるじゃないかという提言者という二つの面を持ってらっしゃる。その二つをずっとやっていきたいの？

坂口　そうですね。社会への提言者だけでは、自分の中では何か気持ち悪いですよね。だから、と言って、表現者として、芸術家としてがんがんやるのも違う。だから、どうにかしてこれを混ぜたい。混ぜた方法でやっていきたいというのが、自分のやり方かなと。

渡辺　ところで、あなたはたくさん人を寄せるね。そういうのが好きなの？　ここにも二人住んでいますけど。まぁ、これはあれだね、坂口組だね（笑）。

坂口　別に徒党を組みたいわけじゃないんですけど（笑）。

渡辺　人が好きなの？

坂口　人は好きですけど、でも一人にもなりたいんですよね。一人でいるのも、小説を一人で書いたりする時間も好きなんです。

渡辺　ここで暮らしている方は、あなたの活動に共感して、やっていきたいという人なの？

坂口　そうですね。

渡辺　もう一つ聞くけど、あなたは自殺者をなくしたいと書いているね。また、原発事故で東北から逃げてきた人たちを支援して居場所を提供したりしているね。小さいときから、そういう人助けをしたいという気持ちがあったの？

坂口　人助けをしたいというのはないし、こういうことを自分の仕事にしたいというのもなかったんですけど、何かこう、そういうことが起きると、よくリアクションしていました。僕もこれが何なのか分からないんですけど。ほっとけないところがあるんですかね（笑）。

渡辺　そうかぁ。人をほっとけないというところを含めて、あなたには一種の教祖性があるんだね。

坂口　ま、そういうふうにも言われてきましたね。

渡辺　でも、自殺者が一人もいないようにしたいということは、死にたいという人を自分ですべて受け止めることになる。そういうことをやっていくわけ？

坂口　以前、「いのちの電話」というのを自分なりにやってました。大変すぎて、僕が壊れちゃって家族に止められましたが。でも、そのときは、彼らを助ける方法があると思えたんですよね。でも、そうすると、何万人の話を直接聞かなければならなくなっちゃう。僕も最近は少しずつ賢くなってしまったのか、それは難しいんだろうなと思ってきた。でも、常に僕は一回やってみます。やってみて、考えるって感じですかね。

渡辺　そうか。もう亡くなったけど、僕はあるお寺の住職を知っていて、彼は日本が戦争に負けてしばらくして住職になったんだけど、非行や引きこもりで家の人が持て余していた少年や、鬱《うつ》病の人をいっぱい引き取って共同生活をさせていたんですね。そういうことに僧として自分の使命感をかけて全力でやってらしたんだけど、あなたもそういうことに使命感を持って、マザー・テレサのようになるのですか？

坂口　そのつもりはなくて、僕がいのちの電話をやっていたときは、本物の「いのちの電話」がなかなかかかからないという話を聞いて、何か解決法があるんじゃないかと思ったんです。そこで、自分の電話番号を公開してやってみた。何か知らないけど、やっちゃうんですよね。たぶん、あんまりそこは思考してないと思いますよ。

渡辺　あなたの人徳というんですかね。僕はこの『幻年時代』で一番感心するのが、事物に対する感覚が、あなたは独特なんですよね。本当の芸術家はみんな、事物に対する独特の感覚を持っているものなんですよ。それを持っていないのは、単なるストリーテラーなんです。ま、もちろん世の中にエンターテイメントや娯楽は必要だから、ストーリーテラーがあってもいいんだけど。あえて言うと、僕は編集者だったから、どうしても物を書く人に対しては編集者的な感覚が出ちゃうんですけどね。僕はいろんな人の文章を読ませてもらって、これまで独特の感触を持っていたというのは、三人しかいない。一人は石牟礼道子。これは違う、これはすごい、文章が違うと最初から思った。文章が上手とか下手とかじゃなくて、世界に対するとらえ方、感覚が違う。それと同じようなものをあなたに感じた。だから、そういう非常に素晴らしい才能を持ってらっしゃるんで、僕は書いてほしいね。

坂口　そうですか。うれしいですね（笑）。

現実は一つのフィクションだと思っていたの？

渡辺　あたっているかどうか分からないけど、あなたは、ごく小さいときから、自分を取り巻いている現実というのは、一つのフィクションだと思っていたんじゃないかな。

坂口　そうですね。

渡辺　本当の姿じゃなく、仮に見えている姿なんだと。引っぱがしてみたら、違う顔が見えてくるかもしれないと。これは、童話でもよくあることで、普通は何でもない景色が、あるとき突然変容してしまう。我々が見ているこの世界というのは、マスクを被った世界、仮面を被っている世界じゃないかと。その仮面をはがせばどういう顔が出てくるんだろうと。『幻年時代』を読むと、それが小さいときから、あなたにはあったんだね。

僕が言いたいのは、この現実というのは見かけがこうなんだけれども、それが本当の姿かどうか分からないので、自分が中に入って見るのか、外から見るか、下から見るか、上から見るかで、がらっと変わってしまう世界なんだというとらえ方を、あなたは小さいときからしていたと思う。だから、現代社会におけるいろんな仕組みも、それはただの仕組みじゃないかと。なんで信用するんだと。０円からやれるじゃないかということにつながっていくんじゃないかな。自分を取り巻いている現実は仮のものであるという思いと、社会のいろんな仕組みが仮のものであるということが根底的にはつながっているんだな。

坂口　そうですね。『幻年時代』を書きながら、そのことにより鮮明に気付いていったって感じがします。たぶん、自分が今まで書いてきたものとまったく違うと思います。

渡辺　しかし、現実の社会というものは、そんなふうにひっくり返せないものなんだ。例えば、空き家がたくさんあるから、建物を建てる必要がないと言うけど、なんでそんなに空き家があるかというと、両親が家を建てて、子どもが大きくなって結婚すると、一緒に住まずに、マンションに入る。だから、両親が亡くなれば、空き家になる。それを貸そうと思っても、設備も古く、借り手がない。そういうことで増えていく。だから、空き家が多いのに、建てる必要がないって言ったって建つわけよ。

坂口　建ちますよね。

渡辺　じゃあ、子どもたちが親と一緒に住めばいいじゃないかという話も成り立たないわけだしね。それから、あなたが言うように路上生活者（ホームレス）も知恵を働かせているわけだよ。あなたがルポしてらっしゃるように、中にはもう生活の達人という人がいる。あの人たちは、今日の高度な消費生活、消費集中社会があるから生きている。おこぼれをいただいて。要するに、現代社会になじまず脱落した人たちが小さなコミュニティーを作っていく、そういうのはあっていいし、僕もシンパシーを持たないことはないけれども、しかし、そういうものばかりになってしまったら、人類の文明はなくなってしまう。あなたが作っているモバイルハウスもいいけど、モバイルハウスがたくさん建って形成された街を考えると、都市景観というものは、甚だ貧しい都市景観になる。人類というのは、たとえばイタリアの街並みね、古びてしまったけど、ああいう美しいものを作ってきたんだよ。京都という街も、僕は好きだけどね、ああいう街を作ってきたんだよ。

あなたがやろうとしていることは、現在の高度な消費社会、文明というものがあって、その文明をトータルでどうかしようというのではない。文明をトータルでどうかしようと言っている論者はいっぱいいるんだ。そういうエコロジストとか、現代の経済の仕組みに反対しているやつもいるしね。あなたは、そういうふうなマクロな社会科学は提言していない。そこは面白いと思うんだ。やっていることは、ゲリラをやろうと言っていることなんだ。

坂口　僕は京都の街並みもモバイルハウスだと言っている。僕はどっちかっていうと、コンクリートが嫌なんですよ。コンクリートで街を固めなくても、街は形成することができると。結局、江戸時代からの京都の街は、すべてモバイルハウスであるはずなんですよね。法隆寺でもそうですし。モバイルハウスというのは、どっちかっていうと、日本では土地と定着させなくても、建築を造っていたということなんです。コンクリートを造って、完全に土地と定着させる住宅は、家を持つということと、街を形成することとは、ちょっと違うんじゃないのということを言いたかったんです。

渡辺　なるほどね。

坂口　逆に言えば、モバイルハウスは今、わざとあんな形に見せているんだけど、車輪を付けていると、みんなトレーラーハウスじゃないかと言う。でも、トレーラーハウスは、車っていう一つの経済システムでできたもので、それを買うのとは違うと思います。僕は半分は見た目で表現しているので、誤解されますが、僕としては思考実験という感じですかね。モバイルハウスは小さくて住みにくいし、どちらかというとスラムに近いようなイメージになります。でも、ちゃんと建築家が建てると、もっと実用性があって実現すると思いながら、やっているんですよ。

渡辺　イヴァン・イリイチ（オーストリア生まれの哲学者）という人が商品集中社会と言っているんだけどね、現代の高度な消費社会、高度資本主義という社会があって、あなたの提言は、それをどうこうしようとしているわけじゃない。どうこうしようと言っている提言はたくさんある。例えば、原発を止めるということもその中に入っている。その中には出来のいいものや、なるほどなというものもある。だけど、不幸にして、今までのところ、実現可能性があるのはない。みんながうんと言ってくれなきゃ実現できないからね、これは。そういう可能性があるようなものを、僕はまだ読んだことがない。現代文明への批判としては非常に説得力があるんだが、じゃあ、どういうふうに社会を構築し、しかも構築していく上でどう同意を獲得していくのかという方法について、言えている人間はいないし、できている人間もいない。僕はおそらく、それはないんだろうと思う。だから、部分的にしか変わっていかないし、小さいところしか変わっていかないんだろうと思う。ところが、あなたがやっているのは今の社会はそういうことにしておいて、それから落ちこぼれを集めて、落ちこぼれても生きていけるよって言っているんだよな。

坂口　そうですね。

落ちこぼれじゃなくて、外れている

渡辺　僕自身、ずっと落ちこぼれて生きてきたんだ。会社に勤めて給料をもらったのは三年ぐらいしかない。

坂口　おれ、一年もないですよ（笑）。だから、僕の方が落ちこぼれているんですって。ただ、僕自身は、落ちこぼれているとは思っていなくて、社会から外れてしまっていると思っているんですよ。社会から完全に。

渡辺　僕も落ちこぼれていると思ったことはないけど、いわゆる表現上そう言っているんだ。僕は若いころ、何して食っていっていいか分からなかったからね。職業というのがあるのは変な話だなと思っていたから。猿には職業なんてねえじゃねえかって。でも、何か職業を見つけないと、食っていけない。全然、自信なかったしなぁ。だから、今まで食ってきたのは、まあ、ずる賢くやってきただけでね。不義理を重ねてきたわけで。そういう個人の生き方としてそんなふうにありたいというのは分かる。でも、独立国家にはならないよ（笑）。

坂口　本当に独立国家になったら、犯罪ですから（笑）。僕もそんなの初めっから分かっていて、『独立国家のつくりかた』というタイトルをつけて、ああいうふうに書きました。

渡辺　あなたが総理大臣になったりさ、あなたが尊敬している中沢新一さんが何とか大臣をやったりしているのは、一種のパフォーマンスだろ？

坂口　これは思考実験だけですから（笑）。それはみなさん分かっていると思います。

渡辺　ただね、やはり、こういう社会のシステムで生きたくないという人を集めて何とかしたいというのは、とても大事なことだと思っているんだよ。社会になじめない人はいるし、現実に引きこもる人がいるし、フリーターばかりやっている人もいるし、うちの息子もそうなんだけどね。就職しないでずーっとフリーターをやっている。感心なのは親に全然せびらないことぐらい（笑）。どっか会社に入って、泣くような思いして、昔はそうしないと飯が食えなかった。今の人は、そうしなくても飯が食えるからね。世の中には社会になじめない人たちがいて、そういう人たちで会社をつくったりして、何か自分たちで暮らせるようにしようというのは、とてもいいと思うよ。あなたがそれをやっているということは、大変失礼な言い方だが、偉いと思っているんだ。だけど、世の中のみんながそうすればいいということにはならない。

坂口　だって、それはなんないんですよ。

渡辺　じゃあ、ならない人をどうするかってことを考えなきゃいけないんだよ。「あいつらは会社が好きなんだから勝手にいけよ。俺は嫌なんだから」というんじゃ、ダメなんだよ。そこをあなたがこれから先考えてよ。会社が好きでなくても我慢して働くという人がいるが、そういう人たちの問題も考えてくれよ。俺とは縁のないやつと言わないでね。

坂口　そうですね。

渡辺　『幻年時代』で、あなたは、お父さんを見て、会社に勤めたくないと思ったと書いてあったね。だけど、あなたのお父さんは、偉い人だよ。だって、この本によると、バカのふりをしていたんだろ、会社じゃ。

坂口　ん〜、分かんないですけど、最近、そう思うようになったということですね。

渡辺　だから、会社でバカのふりするっていうのは、相当な人間だよ。僕はよく、「給料分だけ働いて、自分で勉強しろよ。自分の人生は別にあるんだ」ってよく人に言っている。でも、そうじゃなくって、会社と一体化している人が多いんだ。特に男は。だけど、あなたのお父さんはそうじゃない。

坂口　そうですね。まったく会社に献身してないですから。

渡辺　そりゃ、偉いよ。だから、あんなふうにお父さんみたいにできるなら、会社に入ってみようとは思わなかったのかい？

坂口　全然、イメージできないですもん。僕が会社に入るなんて（笑）。

渡辺　それと、お父さんは趣味人なんだね。だから、自分の人生を楽しんだわけだ。そして、ちゃんと、自分の給料は取ったわけだ。じゃあ、お父さんのことを否定することも、嫌がることもないじゃないか。

坂口　そうですね。

渡辺　お父さんは、会社で出世しようと思わなかったんだろ？　そりゃ、偉いよ。

坂口　当時は、そんなこと分からなかったわけですよ。『幻年時代』には、そういうふうに感じたと書いたんですけど、それが今はね、少しずつ変わってきて。でも、大人になって、会社に入るってイメージは、おやじをみてて現実味はなかった。

渡辺　僕はね、会社に入る気はあったけど、全部拒否されたよ。編集者の仕事は別だけど。僕は、とにかく就職大変だったよ。共産党だったし、結核だったし。

坂口　就職活動はしたんですか？

渡辺　少しはしたよ。でも、ダメだった。ある紙問屋に紹介されて行ったんだよ。そしたら、「あなたはダメです。あなたはしばらく働いたら嫌になって辞めます」って言うんだよ。「そんなことはありません」と言ったが、「それはあなたが今思うことで、何年かしたら絶対に退屈して嫌になって辞めます」って言われてね。商売人はちゃんと見ているんだな（笑）。だからさ、どうやって生活するか大変だったけど、何とか食ってきた。

男が働くのは、嫁さんや子どもがいるからだよ。一人なら、こじきになりゃいい。坂口流に言えばね、隠者になるか、こじきになればいいんだ。昔から日本人はそうやってきたんだ。自由だからな。だけど、家族がいるから働くんだよ。でも、出世したい人はいっぱいいる。そういう中で、あなたのお父さんは偉いよ。だから、落ちこぼれみたいなのを支援するのはいいが、会社に入って黙々と働いている、偉い人のことも考えてよ。

坂口　そうですね、でも、不思議と僕の読者は黙々と働いているような人が多いんですよね。僕は、落ちこぼれを集めて何かをしたいと思っているわけじゃないんです。あんまり直接手を下さない方なので、僕の本を読んでくれっという思いが強いですね。

渡辺　それじゃ、また小説を書くかい？

坂口　そうですね、短編は二本書きました。

人生は無意味？

渡辺　なんで自分が鬱になるのか研究したの？

坂口　いやあ、これは分かんないです。

渡辺　いつから始まったの？

坂口　中学校ぐらいですね。医者に言わせると、脳みその遺伝だから、仕方がないそうです。俺も苦しんでますから。

渡辺　自己嫌悪はあるの？

坂口　自己嫌悪になりますよ、鬱のときは。何もかもダメだと思うんですよ。単純に自信がなくなるんです。

渡辺　バカ言えよ、これだけの仕事をして自信をなくすことないじゃないか。

坂口　みんな言うんですけどね。でも、自動的にそうなっちゃうんですよね。自分の体験を書いた『坂口恭平躁鬱日記』っていう本も二〇一三年に出したんですよ。

渡辺　鬱のときは、自分の才能も偽物だって思っちゃうの？

坂口　完全にそうなっちゃいます。

渡辺　僕が保証しても仕方ないけど、あなたの才能は本物。「あなたの才能は本物です」って僕がお札を書いてやるから、貼っとくか？（笑）

坂口　力強いです。でも、京二さんに言われたことも大きいけど、今回、『幻年時代』を書いて、ちょっと変わったところがあるんです。それまで僕は力の持っていき方を分かっていなかったところがある。完全に共同体から外れている感覚で『幻年時代』を書いてみて、自分が労働の問題や住宅の問題を変革したいと思っているわけではないことに、気付いたんです。別のところに力を持っていきたいというか。そういうところがあるんですよね。

渡辺　ちょっと、鬱の話に戻りますが、自己嫌悪以外に何かあるの。
坂口　目標が見えなくなりますね。無意味を感じてしまいますね。
渡辺　もともと無意味だよ、人生なんてものは。
坂口　そう言われりゃ、そうですよね。
渡辺　無意味だから、自分で意味を作り出していくほかないわけでしょう。最初から意味が決まっていたら、安心してそれをやればいいだけになる。無意味だから、自分で何かやらなきゃいけない、しかしなかなか意味が見えないというのが人生だ。ところで、あなたは人を憎むの？
坂口　憎まないですね。
渡辺　あなたは偉いね。だから、鬱になるんだよ、人のせいにしろよ。僕は鬱にならない。なぜかって言うと、憎たらしいやつがいるから。
坂口　そうできりゃ、いいですけど（笑）。解決できる問題ならいいんですけどね。
渡辺　病気だから仕方ないけどさ。一日歌えば一万円になったり、ホテルでちょっと肩もんで五万円のチップもらえる人がさ、落ちこむことはない。それだけの才能を持って生まれた人なんか、そういないよ。
坂口　それはいつも、自分でも不可解なんですよね。
渡辺　だから、自己嫌悪になる必要はないんですよ。そして、あなたは僕より真面目なんですよ。責任感があるんですよ。僕は責任感がないんですよ、無責任男なんですよ。で、あなたはきっと責任感が強いんじゃないですか？　あなたを頼ってくる人は全部追っ払ったらいいんですよ。自分で生きていけ、俺は知らんと言って。

坂口　そうですよね。そんなに世話をしているわけじゃないんですけどね。

渡辺　だけど、自信がないっていうのはおかしいね。若くてこれだけ成功しているのにね。多彩な才能を持っているし。ただ、『幻年時代』は高度な文学的表現だから、あれは普通の人はなかなか読めないよ。

坂口　はい、あんまり売れないです（笑）。

渡辺　でも、ほかの本は版を重ねて売れているんでしょ。そんな物書きはなかなかいませんよ。それはね、あなたに力があるからそうなっているわけで、自信喪失はいらんことですね。

坂口　僕もいらんこつだと思っているんですけどね（笑）。それでも、鬱になるのは自動的らしいですから。

渡辺　ところで、奥さんと子どもさんはあなたが鬱のときはどうしているの？

坂口　結構慣れてまして、明るくやってますね。僕はぼーっとしていて、機嫌が悪いというか、ずっと落ち込んで、おとなしくなってますから。しょうがないですね。

渡辺　僕はね、『幻年時代』のような作品を書くことが、あなたにとって救いになるような気がするんだけど、違うかな。

坂口　それは、確かにそうでした。でも、書けば書くほど、どうやって書いたらいいのかと思いましたけど。僕は最初、『幻年時代』を書くのが怖かったんだと思うんですよ。これを書いたのは、社会との接続を緩やかにしようとしてたんだと思います。

国には頼らない

渡辺　僕は、国に頼らないことだと思う。

坂口　「独立国家」をつくることですか（笑）。

渡辺　そうじゃないよ（笑）。国に頼らないというのは、自分で自由に生きていくという覚悟があるといいという意味なんだ。要するに社会の価値観にね、例えば女の人ならもっと社会進出しなさいとか、キャリアウーマンになりなさいとか、もっとスタイルがよくなりなさいとか、もっと個性を出しなさいとか。そういう今の社会が格好いいとか、成功しているとか言っている、そういう価値観から外れるといいんですよ。引きこもりたいなら引きこもればいいんですよ。会社に行きたくないなら、行かなきゃいいんですよ。ただし、その代償は自分が全部引き受けることです。人のせいでこうなったと言わなければいいし、それから、誰かに助けてくれって言わなきゃいいんですよ。自分がこういうふうに生きたいと思ったら、自分がその代償を払ってそう生きればいいんですよ。そうやって生きていく方法はなんぼでもある。身体が健康であればね。病気のときは、社会が補助してくれるシステムがあるからね。

だから、要するに、自分を見つめてみることだと思う。自分は本当にどうありたいのかということを。結局、今の世の中では、社会がこういうことが価値があるよということに向けて上昇することを自己実現と言っている。それは自分じゃないんですよ。自分を見つめてみて、自分の中にああしたい、こうしたいというのがいろいろあるんだけど、よく見てみると、自分がしたいと思っていることが社会から吹き込まれていることだったということもある。それを見極めていくことだと思う。本当に自分がこうありたいということがあれば、それをやっていきたいなら、いろいろあると思う。

そして、やっぱりね、この世はだいたい不幸なものだと観念することですよ。つまり、はかないものなんですよ。交通事故で毎年大勢の人も死んでるわけでしょ、でも、車はやめないわけでしょ。ですから、文明はそれだけの代償を払わせるんですよ。放射能もそうですよ。要するに、原発をやめなきゃいけないのはさ、事故を起こしたら被ばくするからという問題じゃないんだよ。仮に原発で被害が起こってね、多くの人が死んだとする。それを言うなら、車で毎年大勢の人が死んでいるわけだから、車もやめなきゃいかん。だから、文明というのは、それだけの代償を要求するわけだ。ただし、僕が原発に反対なのは、あれは人間が制御できるエネルギーではないからなんだ。

科学、サイエンスというのは、人間に大変なことをできるようにした大したもんなんだ。だから、近代の一つの大きな成果はサイエンスなんだ。だけれども、こういうことはできませんよということをはっきりとさせるのも、サイエンスなんだ。サイエンスはあれもできます、これもできます、何もかもできますよとは言っていないですよ。サイエンスはできることと、できないことがありますと言っているんですよ。だから、人間が原子エネルギーを制御することは、今の科学技術では不可能なんだ。ひょっとしたら将来の科学技術がそれを可能にするかもしれない。だけど、現状では不可能なんだ。だから、制御不可能なエネルギーを使ってはならんというのが、僕の原発反対論なんだ。昔からそうなんだ。「3・11」なんて関係ないんだ。文明というのは、そういう何かを伴うわけです。

仲間と食っていける道をつくる

渡辺　水俣病の場合も、緒方正人さん（熊本県芦北郡に住む漁師で水俣病患者）が「自分はチッソだった」と言っているわけでしょ。大変な言葉だけれども、テレビや冷蔵庫がほしいと言っているから、そうなったというわけですよ。もちろん、チッソの注意義務、政府の監督が行き届いていなかったというのはある。だけど、これまで文明が進歩していく中で、人類が何もかも注意して手落ちや不備がないようにというのはできたことないんですよ。ただ、そういう手落ちがあったら、即座に修正できるシステムは政治と行政が持っておかなければならない。そういう点では批判されるべき点が水俣病問題では多々あるわけです。あるわけですけども、しかし、行政だって政治だって人間がやっていることですから、腐敗もあれば、怠慢もあります。腐敗も怠慢もないそういう行政や政治を求めるのは、それはユートピアなんですよ。ユートピアなんて求めたら、ろくなことにはならない。ユートピアを求めたら、旧共産主義体制になるしかない。行政だって、腐敗や怠慢や不備はつきものですから、常にそれをチェックして防いでいくことは大事ですが、そういうことはありがちなんですよ。

だから、人生というものは、人力ではいかんともしがたい自然災害や文明に伴う災害が、常に降りかかってくるものなんです。そういうことを一切排除していくんじゃなく、引き受けていくのが人間なんだ。放射能はガンになるから怖いというが、ガンになる要因はいっぱいあるんですよ。タバコだってそう。だから、人間って、よいことばかしじゃないんで、つらいことも、嫌なこともいっぱいあるんですよ。だから、若い人に言いたいことは、つらいことや嫌なことがいっぱいあることを引き受けながら、自分はこう生きたい、こういうことはしたくないということははっきりさせて、したくないことはしなきゃいい。しかし、したくないってことの代償は自分で引き受けていかなきゃいけない。自分で仲間と食っていける道をつくるんですよ。ただ、働きはしたくないと言いながら、ずっと親のすねをかじっちゃダメなんだな。だから、甘えはだめ。会社なんて入りたくないというなら、友人たちと食っていくシステムをしたらいい。で、もちろん、政府に根本的には頼らない。そういうものに頼っていけば、官僚が増えるばかり。自分を全部ケアしてくれる人に、何もかも自分を預けることになる。人間は野たれ死にするのが一番いいんですよ。永井荷風みたいにね。僕はできたら、病院のベッドで死ぬのは嫌なんだよ。阿蘇の林の中で死にたいと思っている。野たれ死にでいいんだよ(笑)。

何というかね、最近はそういう人が増えていると思うんだけど、若い人に、店を出したり、頑張っている人が。自分でやっていく、政府の世話にはならんぞと。そういうのが大事だと思う。でもね、自由というのと同時に義務というのが生じる。自分ではそういう気はないと思うが、坂口さんは、社会に対してある意味で義務を果たしていると思う。やっぱり、義務を果たすということを若い人は考えなくちゃいけないと思うんだよね。自分らしく生きる、頼らない、何も組織に属する必要はない、自由でありたい。でも、自由であると同時に、自分の義務は何であるのかと考えなくちゃいけない。

坂口　僕は若いころから、どこにも入れないなと思っていたので、社会に疑問があったんですよね。その疑問を放置はしたくなかった。自分が感じている疑問を、何か隠すんじゃなくて、自分で考えて、考えたからにはその答えを出したいという気持ちは強くあった。だから、どこにも属せなかったけども、それなら、自分で場所を作るかと考えていって、最初は建築を目指していたけど、初めに「建てない」と思っちゃった。じゃあ、どうするかっていうと、なぜ建てないのかという問いを自分で表現するような場所を少しずつ作っていったのかなという感じですね。自分で、最終的に「独立国家」までつくったと言っちゃったんだけど、そういうふうに自分の場所を少しずつ作る、うまく作る。「世界を変えないで、世界を作れ」と自分はよく書いてますけど、それを少しずつ自分で作ってみるという作業をやってみたらどうかなと思います。

これからの社会や世の中は、ますます大変になると思うんです。仕事もね。でもみんな普通に会社に入るのに疑問を持ち始めている。そういう意味では、可能性は広がると思う。お金を稼ぐ以外に、何か可能性があるんじゃないのかなと思って本を書いているんです。やっぱ、書いた方がいいですね（笑）。

2

一対一で伝える力を信じたい

―

「橙書店」店主の田尻久子さん

熊本市中央区新市街の玉屋通にある「橙書店」。ヨーロッパの古い街並みにありそうな、しゃれた雰囲気の小さな本屋には、カフェ「orange」も隣接する。両店を経営するのは田尻久子さん。不景気や活字離れ、大型書店の進出、ネット販売の普及など個人書店への逆風が吹く中、田尻さんはなぜ本屋を始めたのだろうか。

この通りが昔から好きだった

渡辺　すみませんね、お忙しいところ、営業妨害して。

田尻　いえいえ(笑)。

渡辺　おたくのね、カフェなんだけどね、ちょとほかのカフェと違うところがあると思うんだけどね、ひと言で言うと何でしょう?

田尻　ひと言でですか?　自分ではあんまり変なことをしているつもりはないんですが(笑)。

渡辺　変なことって言われるの?

田尻　言われますね。変な人が来るって(笑)。

渡辺　変な人が来る?　あ、ごめんなさいね。僕、時々来るんです。

田尻　そうそう、渡辺さんを筆頭に(笑)。変な人って言うと語弊がありますけど、不思議と個性が強い人が集まってきますね。

渡辺　第一、雑貨を置いているでしょ。カフェで、しかも雑貨を置いているのは、よくある形なの?

田尻　最近は、増えたみたいですね。

渡辺　そうなの？　熊本市内でも？
田尻　はい。
渡辺　カフェを始めたときから、雑貨を置こうという方針だったの？
田尻　はい、最初からそうですね。
渡辺　へえ、どうして？
田尻　一つは、ここが広すぎたんですよ。もともとは一人でこぢんまりやろうと思っていたんですが、雑貨も好きだったので、どっちもやろうかと。
渡辺　雑貨のお店をやりたいという気持ちと、カフェもやりたいという気持ちもあって、一緒になったわけ？
田尻　本当はカフェも雑貨も、業種的に言うと儲からない、大変な業種だから、やめなさいって周りから言われたんですよね。どっちかにしなさいって。
渡辺　それに、本屋も持ってらっしゃるでしょ。カフェに本屋が併設されている形は前例があったわけ？
田尻　どうかな……。本屋さんをしていて、雑貨を置き出して、そのうち作家さんたちとお付き合いができて、お茶も出すようになったというところは、たぶんあります。
渡辺　熊本にもある？
田尻　熊本には、たぶんないと思います。

渡辺　ないよね。だから、そう言った意味でも、おたくはカフェであり、本屋であり、また雑貨も置いているというね、非常にユニークだと思うんですよ。そもそも、カフェをやりたいという動機と、雑貨をやりたいという動機は同じぐらい強かったんですか？

田尻　うーん、たぶん雑貨よりカフェの方が強かったと思います。

渡辺　開店は二〇〇一年？　それまでは何をしてたの？

田尻　普通に会社員をしてました。

渡辺　どんな会社ですか？

田尻　長く勤めたのは二カ所で、最後は病院の関連会社で経理事務をしていました。

渡辺　あなたは高校卒？　大学卒？

田尻　高校卒です。

渡辺　最初はどこに勤めたの？

田尻　最初はですね、求人誌を出している会社ですね。

渡辺　求人誌を？　それは高校を卒業して？

田尻　はい。

渡辺　あなたは高校はどこですか？

田尻　第一高校です。

渡辺　うちの死んだ嫁さんと同じだな。そりゃいいんだけど、どうして大学行かなかったの？

田尻　経済的な事情です。うちはとても貧乏だったので。

渡辺　でも、今はどんな貧乏でもさ、アルバイトしてとか、奨学金も取れるしね。それだけじゃないでしょう、理由は。

田尻　いったん勤めて、貯めたお金で大学に行こうかなとも思ったんですけど、やっぱりいったん勤めちゃうと、生活や仕事に追われてしまって。結局、それも面倒になって。

渡辺　高校を卒業して何年ぐらいお勤めなさったんですか？

田尻　えっとですね、七年ぐらいですね。

渡辺　ああ、そんなに長くないね。それでカフェをやりたいと思ったんですね。

田尻　いえ、その後、写真の仕事をしようと思って。

渡辺　あなた、写真撮るの？　アマチュアカメラマンとしてやっていたわけ？

田尻　そうですね。

渡辺　熊日フォトコンテストとか出したりしたの？

田尻　出さない、出さないです（笑）。写真のスタジオでアシスタントをちょこっとしたんですよ。

渡辺　それは熊本で？

田尻　はい。でも、仕事で撮るのはなんか違うなと思って。それで、すぐやめて、普通にお勤めして、そこで経理を七、八年やって、その後、とりあえず自分で何かやろうと思って、数カ月バイトで食べた後、お店を出しました。

渡辺　で、お金はどうしたの?

田尻　借りました。

渡辺　肝が太いね。

田尻　それが私も最初は、お店を始めようと思ってここを見に来たわけじゃなかったんですよ。この通りというか、場所が昔から好きだったんですよね。で、この店舗が空いていると聞いて、見るだけだったらタダだからって見せてもらったんです。

渡辺　ここは昔、何だったの?

田尻　刺繡《ししゅう》屋さんでした。

渡辺　刺繡屋さん?

田尻　法被《はっぴ》とか、ああいうのに刺繡をするところです。見せてもらったら、すごくよかったんで、ほかの人が借りちゃうなら……って。

渡辺　で、借金は銀行からしたの?

田尻　熊本市の起業家支援事業というのがあったんですよ。それを人から教えてもらって、そのときは窓口が産業文化会館にあったと思いますけど、最初に行ったときに企画書とか全部作って持っていったんですよ、そしたら、割とすんなり。

渡辺　それで、開店して割と順調にいったわけ？

田尻　いやあ、もう全然。そこからちょうど景気がどんどん悪くなっていったので、何とかお店は続けられるけど、借金がなかなか減らないという状態で。

街には小さな本屋さんが必要

書店の経営を思い立ったのは、カフェ開店から六年後の二〇〇七年末。翌年二月にはオープンにこぎ着けた。わずか六坪の店内には海外文学を中心に小説や詩集、写真集などがまるでアート作品のように並ぶ。

渡辺　本屋を始めたいというのは最初からあったの？　それとも、やっている間で起こってきたわけ？

田尻　本を扱う仕事はすごくしたかったんですけど、やっぱり本屋とか無謀なので、やろうとは考えていなかったです。でも、やっているうちに、どうしてもしたくなって。本屋を始める前から本は置いていたんですよ。雑貨と一緒に売っていたんです。

渡辺　あなたが仕入れたの？

田尻　はい。雑貨を売るように本を売ってたんですよ、写真集とか。

渡辺　そしたら、たまたま隣が空いたんだ。

田尻　いや、隣はしょちゅう空いていたんですよ。何回も空いて、いろんなお店が入ってはなくなり、入ってはなくなりしていて。洋服屋さんだったり、夜働くお姉さんたちが着るようなドレスを売っている店だったり、ダイエットマシンがずらっと並んでいるお店だったり。なんとなくこの通り自体が昔とは違う雰囲気になってきたんです。最終的には本屋さんにちょうどいいスペースだったので、つい勢いで……。

渡辺　私が出している『道標』という雑誌にあなたがお書きになった文章がありますね、あれは三年ぐらい前かな？

田尻　本屋ができてすぐだったので、もしかしたら五年ぐらいたっているかもしれませんね。

渡辺　本屋は二〇〇八年二月に開店されたんですね。あれを読んでみると、あなたは子どものときから、お小遣いをもらうと、すぐ本屋に行っていたと。つまり、自分が住む街に本屋さんがあるということが一つの楽しみで、街っていうものには、小さくてもいいから、本屋さんが一軒ないといけないという考えがそのときにできたと書いておられますね。そうすると、子どものときから本好きだったんですね。それはいつの話？

田尻　小学生に上がるちょっと前です。

渡辺　おじいちゃん、おばあちゃんのところに夏休みや冬休みに行ってて、そこの街には小さい本屋さんがあったと。で、そのうち小さい本屋がなくなっていったということね。だから、やはり熊本でいうと、上通、下通という繁華街に、大きな本屋があるというだけじゃ駄目なんで、細かく区分した地域というか、街に小さい本屋があるのが大事なんだという感じなんだね。で、とにかくここに作ったというわけね。そのとき、お金はどうしたの？

田尻　また借りました（笑）。

渡辺　それはどこで？

田尻　銀行から（笑）。

渡辺　銀行？　よく貸したね。

田尻　説明するときに、口からでまかせが……（笑）。

渡辺　雑貨を売ることについてはどういう思いがあるの？

田尻　雑貨を扱い始めてから、物を作る人たちと知り合ったんですね。陶芸家とか、ガラスのコップを作っている人とか、刺繍をする人だとか。それ以外の大量生産の物も売っているんですけど、作った人の手が見える物を売ることが増えてきて、そうなるとやっぱり物に対して愛着が出てくるんですね。だから、雑貨を売ること自体も大切ではありますね。

渡辺　おたくはカフェ、雑貨、書籍とあるんだけど、今、売上高でいうと、どうなっているの？

田尻　均等ぐらいです。

渡辺　均等ぐらいあるの？　カフェがメーンじゃないの？

田尻　均等ぐらいあるんですよ。ただ、利益で言うと、やっぱり書籍は利幅が少ないので、利幅で行くと不均等ですよね。

渡辺　利幅はやっぱりカフェでもっているってことね。そうすると、経営の話を聞いちゃうけど、何とかやっていけそうな感じなんですか？

田尻　いや、もうほぼ綱渡り状態です（笑）。

渡辺　雑貨でいうと、委託販売しているんでしょ？

田尻　いや、買い取っています。

渡辺　え？　買い取ってるの？　雑貨全部？

田尻　雑貨はほぼ買い取りです。

渡辺　へえ、書籍も買い取りだよね。一部委託だけど。

田尻　八割ぐらいは買い取りです。

渡辺　そうすると、この店には相当な資金が寝てるわけだね。

田尻　そうですね。

渡辺　よくそんなことができるね。

田尻　でも、雑貨はどこでも買い取りが多いです。私の場合、先に雑貨をやっていたので、特に買い取ることに違和感はなくて。逆に委託販売って思うと、いらない物まで注文してしまうんで、あんまり好きじゃないんです。

渡辺　今、雑貨の取引先は何軒ぐらいあるの？

田尻　えっとですね、三〇ぐらいですかね。

渡辺　三〇数軒。書籍の方は？

田尻　書籍は四〇から五〇軒の間ですかね。

渡辺　買い取りだと、返品事務はないんだけれども、どういう品物を仕入れるか、それから在庫管理とか、帳簿つけとかもあるでしょ。帳簿も何冊かあるだろうし。それを一人でこなしているんですか？

田尻　はい、全部一人でやってます。

渡辺　わあ。家に帰ってやるわけ？

田尻　いや、全部ここでやります。

渡辺　ここでやる？　お客さんそんなに来ないの？

田尻　(笑)そうなんです。やれるぐらいしか来ない(笑)。

渡辺　いつのぞいてもさ、お客さんいるって聞いたよ。

田尻　だって、今現在、テーブルを全部使って渡辺さんと話していますけど、全然困ってませんから(笑)。

渡辺　そうだね。満杯になっていることはないけどさ。

田尻　ランチタイムなのに（笑）。

渡辺　しかし、普通の人間はそういうことはやれないね、三部門にわたっての商売を。ま、カフェの場合は在庫管理とかはないと思うけど。

田尻　ただ、カフェは仕込みがあるんですよね。

渡辺　仕込みって、コーヒー豆だろ？

田尻　うちは食事も出しているので、カレー作ったり、ケーキ作ったり。

渡辺　あー、そうか、食事も出しているよね。それを一人でこなしているわけだ。でも、誰でもやれることじゃないね。人に勧められないな（笑）。

田尻　絶対、人に勧めないです。生活が大変になっちゃうんで。

渡辺　そうしますと、あなたほとんど休みなしでやっているんだって？

田尻　今はあんまり休んでいないです。

渡辺　時々は休むわけ？

田尻　たまに。昨年はたぶん四、五回かな。

渡辺　繰り返すけど、まあまあ何とかやっていけるということ？　それともつぶれそうなの？

田尻　うーん、食いぶちがほぼ出ない感じです（笑）。

文学少女だったの？

渡辺　なるほど。話題は変わるんだけど、あなたは文学少女だった時代があるの？

田尻　自分では、あんまりそんなつもりもないんですけどね。

渡辺　ここの本はあなたがやはり自分で読んで、あるいは読んでなくても読みたいという、あなたの好みでそろえているわけだね。何でもかんでも置くというわけじゃなくてね。そうすると、そういうふうなある一定の作家や詩人に対する好みというのはいつごろ形成されてきたわけ？

田尻　たぶん、小学生のころだと思います。ただ、好みは常にどんどん変化しています。読むとどうしても、変化してしまいますから。

渡辺　そうだね。じゃ、小学、中学、高校を通して、読書家だったわけだ？　どんな本を読んできたわけ？

田尻　小学校のときは、本当に訳が分からないのに難しい本を読んでました。

渡辺　どんな本？

田尻　スタンダールとか、ヘッセとか。

渡辺　小学校で読んだの？
田尻　分かってないんですよ。全然分からないのに（笑）。
渡辺　それはどうしてなの？
田尻　分かんないんですよ。
渡辺　お父さん、お母さんがそういう人だったの？
田尻　違うんですよ。
渡辺　じゃあ、本がたくさん置いてある家庭じゃなかったんだね。あなたが本好きで小学生からヘッセやスタンダールを読んだというのは、まったくあなただけのこと？
田尻　姉はあんまり読まなくて、母親はちょっとは読んでいたんですよね。昔、移動図書館というのがあって、あれによく母と一緒に行ってました。
渡辺　移動図書館というのがよく分からないんだが、今もあるの？
田尻　どうなんですかね？　熊本市がやっていたと思うんですけど、バンみたいな車に本を載せて来ていたんです。
渡辺　それが楽しみで、小学生のころからヨーロッパ文学を読んでいたんだ。そうすると、だいたい文学一筋って感じ？
田尻　そうですね。
渡辺　で、今なさっている書店というのは、海外文学が多いね。

田尻　そうですね。

渡辺　それもだいたい現代作家だね。現代作家の中では、どんな傾向が好きなの？

田尻　割と何でも読むんですけど、最近気になるのが、アフリカとかですね。すっかり文化が形成されている国ではなくて、ちょっと前まで内乱が起きていたり、政治情勢が不安定だったりしていたけど、ちょっと落ち着いて、やっと文学に目が向けられるようになったところでは、頑張っている若い作家が出てきている国が多いんですよね。そういう地域の人が書くものって、今の日本になくなってしまっているようなものが多くって、その辺がとても気になっています。

日常が一番大事なんです

店には、詩人の伊藤比呂美さんや作家の池澤夏樹さん、雑誌編集者の新井敏記さんら、文化的な交流を求めて訪れる著名人も少なくない。そのつながりは、詩の朗読会やトークイベントなどに結びつき、小さな書店は熊本の文化活動の拠点の一つにもなっている。

渡辺　この店に翻訳家の柴田元幸さんが来てましたね。あれは、あなたが柴田さんの訳したものが好きで、柴田さんに連絡して知り合ったという、そんな関係？

田尻　いえいえ、もともと新井敏記さんがよく来てて。

渡辺　あー、雑誌『コヨーテ』の新井さんね。

田尻　そうです。新井さんがよくうちに来てて、私が柴田さんを好きなのを知ってたんですよ。それで、いつか柴田さんをここに連れてくるって言ってて、新井さんの写真展のときに、うちに連れてきてくれたのが最初でした。それから柴田さんもここを気に入ってくれて、来てくださるようになったんです。

渡辺　そういうふうにカフェを舞台にして、集まりをやるというのは、最初から考えがあったんですか？

田尻　いえ、なかったです。

渡辺　じゃあ、どういうことで、そういう文学的というか、思想的な集まりや、講演といったイベントをするようになったんですか？

田尻　それは自然発生的にですね。私がやりたいって言ってやっているわけではなくて、例えば新井さんが言い出したりして始まりました。

渡辺　伊藤比呂美ちゃんはいつごろから来ているんですか？

田尻　比呂美さんは、本屋を始める前からいらっしゃっていて、もう七、八年前からですね。

渡辺　ここが朗読会や講演会、あるいは個展であったりね、そういうイベントをやるようになったのは、ここに集まってきた人たちに促されて始まったということだね。でも、今はそういうイベントをやっていくことが、あなたにとって大事なことになっているんじゃない？

田尻　ありがたいと思っています。

渡辺　それについては、あなたに積極的なプランがあるの？

田尻　ないんですけど（笑）。

渡辺　ないの？（笑）

田尻　お店やることに精一杯で、ないんですけど、ありがたいことにいろんな人がどんどん言ってくれるので。

渡辺　あなた自身が、オルガナイザーになろうという気はないんだね？

田尻　ないんですよね。

渡辺　ここから何か発信していこうという気持ちはないの？

田尻　ないんですけど。

渡辺　何も発信しなくていい？

田尻　結果的に発信することになっている場合もありますけど。

渡辺　ここで結果的に何かを発信することについては、それはあなたにとって望ましいことなの？　そういうことをやっていくことがこの店をやっていく一つのやりがいになるってことなの？

田尻　やりがいというよりは、ここにくる人たちがそれを望んでいるんだったら、やりたいなと。それを欲している人たちが多いので。

渡辺　人のためじゃん。

田尻　んー、本当は日常が一番大事なんですよね。例えば、ここにふらっとくるのを楽しみにしている人がいてくれて、そこに店があるってことが大事だと思っているんですよ。イベントをやることよりも。やっぱり、イベント、イベントってなってしまうと、何のためにやっているのか分からなくなってしまうと思うんです。

渡辺　人のためじゃん、全部。

田尻　（笑）いや、でも楽しいんですよ、自分も。

渡辺　うん、そりゃ、一つの仲立ちになるわけだからね。だから、あなたにとっては、満たされない欲求を満たしていきたいと思う人たちの仲立ちになればいいって感じなの？　あなた自身は何かを表現していくという気持ちはないんですか？

田尻　特にないんですけど。

渡辺　小さいときからなかったの？　作文は上手だったんだろ？

田尻　作文はそうでもないです（笑）。

渡辺　先生から「あなたは才能がある。作家になりなさい」なんて言われたんじゃないの？

田尻　誰も言ってくんなかったんですけど。

渡辺　ほんと？　うーん、だけどさ、自分で何か表現したいっていうことで、女の人の場合はよく、短歌を作ったり、詩を書いたり、そういうふうになるんだけど、あなたはそういうのはないの？

田尻　詩とか短歌とかは、ないですね。

渡辺　そうすると、文学というものは、あなたにとって何なんだ？

田尻　ご飯みたいなもんですね。

渡辺　自分の命を養っていく行為ですかね、読書っていうものはね。そういう範囲で本を集めているんだね。で、本の売り上げはさ、横ばい？　少し伸びている？

田尻　最初はやっぱり物珍しくて、そこそこ売れて、次の年にばあっと下がったんですよ。その後、若干ですけど上がっていると思います。

渡辺　じゃあ、やっていけば、何とか続けられるんだね。

田尻　本屋は利益的に大変だから、やめろって言ってくれる人がいるんですけど、ただ、私は本屋がない状態が考えられなくて、本屋やめるなら、全部やめたいと思っているんですよ。

渡辺　でも、相当な労働量だよね。よくもつよね。全部自分でやっちゃうわけ？

田尻　全部やります。

渡辺　へえ。失礼ですけどね、三つの部門があるけど、経理の元帳は何冊あるの？

田尻　五冊。

渡辺　五冊を一人で管理していくわけ？

田尻　それについては、あんまり大変じゃないんですよ。

渡辺　いやあ、大変だよ。一冊もできないやつがいるんだよ、世の中には。僕は人間学研究会というのをやっていたけど、そこの会計はノート一冊なんだ。それをさぼってやらないんだからな。僕が手取り足取り教えてね、監視して一年ぐらい続いたけど、僕が監視やめたら、まったくさぼってね、やらねぇんだから。そんなやつがいっぱいいるんだよ。五冊も管理していくのは、苦にならない？

田尻　経理はずっとやっていたので。得意なんです。

渡辺　得意か……。そりゃいいね。

田尻　いつか自分で何かしようと思っていたから、経理を覚えようと思ってやってきたんで。

渡辺　かなり目的にかなった人生だね。そうすると、大学にはお金が貯まれば行ってもいいと思っていたが、行かなかった。小さいときから本が好きだったが、自分で詩集とか書いて、自分が作家になろうというんじゃなかった。ただ、本を読むことが生きる上で欠かせない一つの行為であるから、それを世間的な職業にしてしまおうというストーリーだね。一応成功したわけだ。ただ、成功を維持していくためには最大の問題がいろいろある。今続けていくには何が一番問題？

田尻　やっぱり売り上げがもうちょっと伸びないと厳しい。本来だったら、引っ越しをしなきゃいけないんですよ。この家賃と広さに見合う利益を出していないので。
渡辺　やっぱりこの辺は家賃高いんだ。飲み屋街だから？
田尻　高いですね。
渡辺　話は変わるけど、上通によく行っていた喫茶店があったんだよ。もう移転しちゃったんだけど、それも家賃が問題だったんだよ。健軍商店街なんかもシャッター通りになっちゃっているしね。
田尻　熊本は家賃が高いそうです。
渡辺　どうしてなんだろうなぁ。しかし、それは与えられた条件だからね、仕方ないけど。そうすると、お客さんさえ、もう少し来てくれれば、あなたは続けていけるわけだ。
田尻　そうですね。
渡辺　しかし、あなたは休みなしで、相当な労働なわけだ。経理から接客から、仕入れから、在庫管理から、本来一人でできることじゃないことをあなたはやっちゃっているわけだけど、そのことは別に嫌だ、もうきついっていうことにはなってないの？
田尻　それは、まだ今のところ大丈夫です。
渡辺　あなた、身体は丈夫なの？
田尻　丈夫です。

渡辺　それは喜びなの？

田尻　そんなに苦痛でもないです。やっぱり本を触っているのは楽しいので。

渡辺　ああ、そういうことでいいわけだ。なるほどね。で、あなたはこういう本がもっと売れるから、こういう本を置こうっていう気は全然ないんだ。

田尻　売れ筋はうちでは売れないんですよ。

渡辺　売れ筋は売れん？

田尻　売れないんですよ（笑）。あたしが肩入れしている本が一番売れるんですよ。

渡辺　ほお。それはどういうこと？　以心伝心で伝わるのかな？

田尻　以心伝心もあるし、この本がいいですよって言っちゃうときもあるし。聞かれることもあるし。

渡辺　読書の相談役というか、コンサルタントみたいなことをしているんだね。でも、あなたはさ、失礼だけど、読書範囲は文学、芸術関係だけ？

田尻　そんなことはないです。読むときにあまりジャンルは気にしないので、何でも読みますよ、偏ってはいますけど。気になったところから派生して読むことが多いですね。

渡辺　でも、どっちかっていうと、詩集、画集ね、それから海外文学の、どっちかっていうと、リアリズム系統ではなくて、幻想的というか、神話的というか、そういう系統が多いんじゃない？

田尻　多いですかね……。そんなつもりはなかったんですけど。
渡辺　だけど、社会科学関係や歴史関係はそうは置いてないよね。
田尻　たくさんはないですね。
渡辺　ここは人が触れ合う場になっていると思うんですけどね。あなたがお店をお作りになったときには、自分が本が好きである、雑貨が好きである、ということだけではなく、人の触れ合いというものをつくっていくという気持ちが強かったわけ？
田尻　そうですね。やっぱり、カフェってもちろん出す物がおいしい方がいいですけど、一番大事なのは場所だと思うんですよね。どんなにおいしくっても、そこが居心地がよい場所ではなかったら……。
渡辺　居心地というのは、店の中のことを言っているんですか、それとも街角のことを言っているんですか。
田尻　全部です。中のことも含めて、ここにやって来る人というか、構成している人というか。
渡辺　なるほど、店のたたずまい全部ね。それと店の周りの一帯の街角、その両方ね。その二つが気に入ったところというわけね。
田尻　そういう場所を作りたかったというのはあります。
渡辺　だけど、そういうとこが好きなら、自分で行けばいいじゃないの。作らんでも。

田尻　まあ、やりたくない仕事をやりたくなかったというのもありますね。経理事務の仕事にしても、写真の仕事にしても、嫌いではなかったんですけど、やっぱりやりたい仕事ではなかったんですよね。

人が接する場を確保したい

渡辺　ここのカフェにはいろんな人が集まってきているけど、あなたの場合は、本屋もやっていることだし、普通のカフェとは違う、どっちかっていうと、文化的なことに携わっている人が集まってくることが多い。あるいはそういう文化的な志向を持っている人が多いと思うんだけど、そういう人たちが出会う場を作ろうという使命感みたいなものがあるの？

田尻　なんとなく、そういう場所がものすごく減っている気がするんですよね。喫茶店自体も減っているし、やっていけないから減っているわけなんですけど。結局、本屋も、大きい本屋さんは残るけど、ちっちゃくって店主と話せるような本屋さんは最近、どんどんなくなるじゃないですか。やっぱり物っていうのは面と向かって売ったり、買ったりしたいんですけど、今はネットで注文すると簡単に送られてくるし、それも便利な点もあって、私もやったりする。でも、野菜は店主とやりとりできる八百屋で買った方がおいしいんですよね。そういうのがどんどん減っていくので、人と人がきちんと接していけなくなってきている気がするんです。そういう場を確保していきたいんですよね。

渡辺　あなたは人間は好きなんですか？

田尻　好きなんですかね。よく分かんないんですよ(笑)。

渡辺　だってさ、こんな店をやっているとさ、人の好き嫌いがあったらやっていけないでしょ。

田尻　あるんですよ。あるけど、どういうわけか幸せなことに、嫌なお客さんってそうそう来ない。

渡辺　ところで、イベントをやっていくことについては、さっきの話ではあなたは自分が積極的にやろうということではなくて、ここに寄ってくる人たちが望むからって言っていたけど、自分なりにイベントに対して、何か考え方っていうのはないの？

田尻　考え方はあるんですけど。

渡辺　今までの話ではね、フェイストゥフェイスみたいなね、人が交渉する場が少なくなっているから、カフェという業態においても、人と人が対面してね、語り合えるような一つの交わりの場にしたいという話があったんだけどね。それでも十分じゃないかという思いもするんだけど、もう少しあなたの思いがありますか？

田尻　お客さんの中には、学校の先生もたくさんいるんですよね。そういう先生たちと話をしていると、今の子どもたちが、自分の頭で考えるということがものすごく希薄になっている気がしてしょうがないんですよ。それはたぶん彼らのせいではなくて、親世代とか学校の教育で、考えないでいいような教育を受けてきたからだと思うんです。そして、人と合わせることが重要事項になっていて、人からはみ出ることを恐れる若い子がすごく多い。それってすごく気持ち悪い気がするんです。

うちに来る人は、若くても割と自分の頭で考える人が多いので、あんまりそういったところが見えてなかったんですけど、最近子どもたちを相手にしている人たちと話すと、すごくそういう気がするんです。大人が子どもたちに影響を与えてしまうし、結局、社会の一線に出ている大人のせいだと思うんですよね。だから、もっと政治や原発のことにしろ、自分の頭でちゃんと考えましょうっていつも思う。誰かが声高に言ったことに右往左往するんじゃなくて、自分できちんと考えてほしいって。人の話を聞いたり、誰かと討論をしたり、本を読んだりすることは、そういうことの助けになるんじゃないかと思うんです。私に大したことができるわけじゃないんですけど、そういう場を作れればと思います。

渡辺　それは、あなたが本屋をやっていることにもつながってくるね。あなたが選んだ本を置いているわけだから。そうすると、この仕事に喜びを感じている？

田尻　はい。本屋さんは楽しいです。

渡辺　大変楽しい？

田尻　大変楽しいです。

渡辺　ああ、そりゃ結構だね。そうすると、ここに来ている人たちも楽しく生きている人たちかな？

田尻　そうですね。みなさん、もちろん大変なこともあるけど、ちゃんと楽しいこともある人たちだと思います。

渡辺　今、世論調査をすると、六、七割がまあまあ幸せだって言っているよね。僕は、まあそうだろうなと思うんだ。今はいろんな意味で束縛や抑圧というものがなくなった寛容な社会だしね。いろんな面で個人の興味というか、面白いと思うことに事欠かないわけだしね。一方で、労働環境とか厳しくなってね、特に若年層が収入や雇用が厳しいという問題があるんだけども、そういう中で、幸せになりたいという欲求が非常に強くて、無理やり自分が元気なんだぞ、幸せなんだぞというふうに言い聞かせるような、そういう雰囲気がものすごく出てきているような気がするんだよね。だけど、それはやっぱり一種の強制だよね、自分に対する。しかも、今は集団的動作や、その集団の一員になることによって、充実感を感じる人も多い。その瞬間だけだけど。だから、幸せにならなくちゃいけない、盛り上がらなければならない、そういうのが一つの強迫観念になっちゃっている時代だと思うんだね。

僕は「幸せになろう」というスローガンは大嫌いなんだ。「少し不幸になろう」って言ったら、いいんじゃないかな（笑）。人生というのはさ、不幸になることによって、やっぱり生きたいということになると思うんだよね。不幸になりましょう、不幸を味わいましょうって言ったらいいんじゃないかな。

田尻　たぶん、みんな、ちょっと楽しいこともあるし、ちょっと不幸っていうのもあると思う。でも、みな不幸の部分をあまり言わないですよね。不幸を認めちゃうといけないような感じになっているんじゃないんですかね。

渡辺　ところであなたは、これからの抱負はないの？

田尻　抱負ですか？　うーん、借金を返したい（笑）。

渡辺　借金を返したい？　それじゃ、パトロン見つけなさーい！

田尻　それじゃつまらないじゃないですか（笑）。

渡辺　それが一番簡単だよ。ま、それは冗談だけどね、本屋の売り上げを伸ばさないといけないね。

田尻　お金のことは置いといて、本が売れるとうれしいんですよね。

読書の楽しさに気付いてほしい

渡辺　本が売れるってことは、ずっと通ってくれる人がいる。つまり、一定の読者というか、読書能力のある、作品の良さが分かる、あるいは学問的な探求心をもっているというある知的な層が成立していないと難しいと思うんだけどね。それを成立させるにはどうしたらいいんだろう。

田尻　もともとそんなにたくさん読んでいなかった人って、読書の楽しさに気付いていないだけだという人もいると思うんですよね。例えば、たまに来てくれるお客さんから「翻訳物は読みづらいから、日本のものしか読まない」って言われたら、「この人の翻訳はうまいし、入り込みやすいから、試しにこれはどうだろう」って薦める。そうすると、「こないだのは読みやすくて、すごく面白かった」って言って、また別の翻訳本を手に取ったりする。そうやって、読書が楽しいってことを気付いてくれることは、うれしいんですよね。

渡辺　さっきの続きになるけど、あなたのような本屋さんは、一定の知的な層が熊本市に存在しないと続いていかないんだよね。そういった知的な層は、熊本市という狭い範囲をとってみても、昔より非常に薄くなっていると思うんですよ。一方で、昔は知的な読者層と普通の素人の層がはっきり分かれていたんだけども、近ごろは境界がぼやけてきている。つまり教養を持っている知識層ではなくて、ごく普通の男の子や女の子、おじさんやおばさんが、たまたまある本を取って読んでみたら面白かったという状況が出てきている。そこで、何もかも置いてある本屋じゃなくて、現代人の魂の飢えに応えるようなやり方もあると思う。あなたの本屋のように一つの問いかけを出して、それに読者が応えていくような相互作用の中で、これまでの文学青年とか哲学青年とか、あるいは大学の先生とか、そういうものが形作っていた古典的な読者人の層ではなくて、そういうものを含みつつ、普通の人たちが入ってこれる入り口から本に近づいてくるという、一つのツールをあなたは開いてらっしゃると思うんだね。だからつぶさないで頑張ってやってください。

ただ、一つだけお願いがあるんだけどね。つまり文学や芸術や学問には、歴史があるんだよね。もちろん、そういった歴史を知らなくてもたまたまある作家に出会った、ある詩人に出会った、ある思想家に出会った、どういう人であるか知らないんだけど、読んでみたら心に響くということもある。しかし、今言ったように、文学も芸術も思想も歴史がありますからね、歴史の全体像を学んでいく、とらえていくという努力が一方にはないといけないと思うんだよ。だから、そういった意味で、あなたの橙書店は一つの入り口になっていると思うんだよね。

ただ、それはあくまでも入り口であって、橙書店ではスペース的にもすべてが提示できるわけじゃないんだけど、古典をもっと読まなくちゃいけないということだね。今の読者はどうしても現代物から入っていくわけなんで、しかしそこから古典に入っていくという道がほしいと思う。そういう意味では、ギリシア哲学の本ぐらい置いてよ（笑）。

田尻　（笑）でも、取れないものも多いんですよ。うちは出版取次を通してないので、置きたいけど、置けない本もいっぱいあって。

渡辺　そうか。古本屋をやるのも面白いと思うんだけどね。

田尻　古本屋をやる人って多いじゃないですか。若い人で、ネットだけじゃなく、お店を構えている人とか都市部では割と多いんですよね。資金があまりいらなくてできるから。だけど、みんながみんな古本屋ばかりしちゃったら、今、現存している作家で食べていこうという人たちはどうやって暮らすんですかって思うんですよ。

渡辺　ありがとうございます！

田尻　だって、新刊でもたくさんよいものがあるのに、新刊書店がどんどんつまらなくなっていくのはよくないと思うんですよね。

渡辺　最後に言っておきたいことない？

田尻　本屋さんをやっていて思うのが、本を読まない人たちがすごく増えていることです。それがやっぱり悲しいですね。いつも仕事が終わって、店の本を眺めて帰ったりするんですけど、こんなにいい本がいっぱいあるのに何でみんな読まないんだろうと思って。たくさん読んでほしいなと思います。

渡辺　一日に店に来られる人は、買っても買わなくてもいいんだけど、その数は変わらないんですか？

田尻　それは増えているかもしれないですね。

渡辺　あ、そう、それはよかった。頑張ってください。この店が続いてほしいと思っている人はたくさんいるし、みんなの力で続くようにしていきましょうよ。

田尻　ありがたいです。ところで、本離れって食い止められないとは思うんですけど、環境破壊と一緒で遅らせることはできるんじゃないかと思います。例えば、渡辺さんもそうですけど、世の中で認知度の高い、有名な人がひと言言うと、それはそれなりに影響力があって、人を動かすことができるのかもしれない。でも、私にはそんな力はないから、やっぱり自分が信頼している人に面と向かって、気持ちを伝えている。その方が残ると思うんです。私が言っていることが正しいとかそういうことでは全然ないんですけど、本を読んでほしいと言うことや、何かに対しての考え方を一対一で人に伝えていくことが、本当は一番手っ取り早いんじゃないかという気がしてます。

ネットや携帯など何もなかった時代のツールは、例えばネイティブアメリカンとかジプシーの人たちとか文字を持たない人たちはそれこそ、口承で全部伝えていったわけじゃないですか。その村に古くからいる人が若い人にちょっとずつ伝えていって、それを脈々と子孫まで伝えていった。その力って本当は大きいんじゃないかと思っているんです。私がここでいったい何人の人と会うか分からないですけど、例えば、ここに一〇人来て、買う買わないは別にして、こういう素晴らしい本がある、こういう仕組みで世の中が成り立っているってことを伝えたときに、それは決して無駄にはならないと思うんですよね。社会的な動きについても、原発も止まらないし、明るい気持ちはしないんですけど、一人一人と相対すると、みんないろんなことをきちんと考えているし、よくしたいという気持ちも持っているんですよね。それらを社会に押しつぶされてしまわないように、自分を含めてしっかり自分の頭で考えていってほしいですね。

渡辺　あなたも書きなさいよ。あなたは本当に文章が上手だから。『道標』に書いてくれた文章なんか素晴らしいですよ。文章を書くということはね、一つの癒やしの行為だからね。

3

ハーンの気持ちが分かってきた

英米文学教授・アラン・ローゼンさん

《「guest（客）」と「host（接待側）」のちょうど間をさまよう外国人たち。私たちはちょうど、二つの言葉を合わせた「ghost（幽霊）」のような存在かもしれない—》。元熊本大教授のアラン・ローゼン（Alan Rosen）さんは、日本で暮らす外国人としての立場をこう表現する。
1945年米国ニュージャージー州生まれ。母国アメリカを離れ、外国語教師として来熊して40年。今では日本の家族もできた。2011年3月熊大退職後は、同大と県立大の非常勤講師、放送大学の客員教授を務めている。英米文学が専門。妻の三早枝さんは陶芸作家。

渡辺　ローゼンさんとはサルーテ（熊本市中央区黒髪のイタリアンレストラン）で時々、お会いしますよね。その前にシンポジウムで二回ご一緒しましたけども。

ローゼン　そうですね。

渡辺　ローゼンさんはとてもナチュラルですね。

ローゼン　そうですかね。

渡辺　こんなことを言ったら、間違いかもしれませんが、映画で見ると、都会人というかニューヨーカーは、自己顕示が強くて、非常に利己的でね、ああいうのがアメリカ人かと思っていると、ローゼンさんは全然違う。むしろ、アメリカ人を感じさせない。

ローゼン　ああ、そうですか。ありがとうございます。

渡辺　日本人以上に自己抑制みたいなのがあって、礼儀正しいし。

ローゼン　笑ってはいけませんけど、自分はそう思っていないから。

渡辺　でも、非常にジェントルマンシップというか、謙虚でしょ、そして礼儀正しい。

ローゼン　日本に長く住んでいるおかげかもしれませんね。

渡辺　いやいや、そうじゃないでしょ。あなたのホームがそうだったんでしょ？　ご両親が。

ローゼン　そうかな（笑）。

育ったのは小さな海沿いの町

渡辺　アメリカ東部のニュージャージー州のご出身ですよね。アトランティックシティーのあるところですね。ニューヨークの南ですね。ニューヨークに割と近いんですか？

ローゼン　近いです。

渡辺　あなたは少年時代、青年時代に、よくニューヨークに遊びに行っていたんですか？

ローゼン　なかったですね。

渡辺　故郷の町は漁師町？

ローゼン　んー、それもありますけど、リゾート地です。冬は誰もいないけど、海岸沿いで海がまあまあきれいですから、夏になったらニューヨークやフィラデルフィアからたくさん人が泳ぎにきます。

渡辺　高校までそこにいたの？

ローゼン　その町にはハイスクールはないです。その町の子どもたちは三キロ南の高校（マナスコーン）か、三キロ北の高校のどちらかを選ぶんですが、僕は北のアズベリーパーク高校に行きました。

渡辺　ご両親のお仕事は？
ローゼン　父は不動産業。日本の不動産業とちょっと感じが違うんですけどね。
渡辺　ふーん、じゃあ、割とお金持ちなんですね、実家は。
ローゼン　とんでもない。でも、貧乏でもない。ちょうど真ん中へんです。
渡辺　ユダヤ系というのは意識されたことありますか？
ローゼン　若いころは、ユダヤの習慣とか、ヘブライ語とか、勉強させられましたけど、あまり熱心じゃなかった。今は逃げちゃって無宗教です。
渡辺　なるほどね。しかし、あの、ユダヤ人の一つの運命というのがありますね。イスラエルという国をつくりましたし、ホロコーストもありましたし、そのへんのことはどうお考えですか？
ローゼン　ああ、複雑ですね。イスラエルという国については、政府、政治のことは必ずしも同意しませんね。パレスチナの人たちの大変さが、分かるから。やっぱり日本にいるから、もうちょっと客観的に見ることができるんでしょうね。
渡辺　あなたは一九四五年生まれだったですよね。私は一九三〇年なんですよ。でも、あなたの方が年上みたいだな（笑）。
ローゼン　なんで？（笑）
渡辺　だって、あなたの方が大人。僕はチャイルディッシュ（子どもっぽい）なんです。

ローゼン　それなら私も負けません。よく言われるよ、妻に。「いつになったら大人になるの？あなた子どもよ」と。でも、必ずしも悪いことじゃないと思いますよ。

日本や日本文学に興味があった

渡辺　ペンシルバニア大学からブリンマー大学院に行かれていますけど、専攻は？

ローゼン　英米文学です。特にイギリス文学です。

渡辺　日本には例えば修士論文とかあるでしょ。誰をお書きになったの。

ローゼン　博士論文はミルトンの『失楽園』ですね。

渡辺　ミルトン！

ローゼン　そして修士論文はジョナサン・スウィフト（アイルランド人の風刺作家、『ガリヴァー旅行記』）の詩です。

渡辺　スウィフトの詩？

ローゼン　そこに本がありますからお見せしましょうか？

渡辺　いやいや、いいですよ。私の語学力は貧弱ですから（笑）。

ローゼン　私の日本語力よりましでしょ（笑）。

渡辺　ミルトンですか。そうしますと、ゆくゆくは英文学の研究者になるおつもりだったんじゃないですか。

ローゼン　そうですね。大学卒業するとき、三つの選択肢があったんです。大学に入ったときは医者になろうかなと思っていたんですけど、医者は頭が良くないとだめですからあきらめました。一つは英文学の専門で卒業したのでそのまま教授になるという道。もう一つは弁護士。父によく「あなた口が上手だから、弁護士は向いているじゃないか」って言われましてね。アメリカでは日本と違って、弁護士はそれほど頭が良くなくてもなれるものです。もう一つは、ケネディー大統領が作った「ピース・コア」という平和隊に入る道で、外国に行って二年間英語を教えたりとかするんです。結局、文学の大学院に決めた理由は、自分に合っているかどうか短期間で分かるから。行ってみて嫌ならば、すぐやめて次の選択ができるでしょ。まだ二つあるから。弁護士の学校は三年間、ピース・コアは二年間、でも大学院は何カ月で分かるかなと思って。

渡辺　結局、英米文学の研究者をやってらっしゃるんですけど、かなり小さいときから文学が好きだったんですか?

ローゼン　違います。本好きでもなかったです。本を読めるようになったのは、今でも覚えていますけど、一歳年上の僕の友人が小学校のときに、図書カードを見せたんです。「僕はこんなたくさんに読んでいるよ」って。僕はあせってね、僕も読まなきゃいけないと思って、無理やり読みました(笑)。

渡辺　じゃあ、なんでミルトンですか?

ローゼン　ミルトンが好きだったというより、先生がすごく好きだった。

渡辺　しかし、近代文学はかなりお読みになって、好きな作家もいたんでしょ。青年時代はアメリカの作家では誰が好きだったんですか?

ローゼン　アメリカの作家ですか。一九世紀だったら、ホーソーンとか、詩人のエミリー・ディキンソンかな。

渡辺　英文学の研究者になるという選択肢もあったのに、突然に日本に来ちゃいましたね。なんで日本にくることになったの?

ローゼン　仕事が見つからなかった(笑)。でも、それだけじゃないんです。日本に興味があったんです。

渡辺　どうして?

ローゼン　大学三年生のとき、一年間東京に留学していた友だちが「日本は面白いよ。お薦めしますよ」って言ってたんで、いつか行ってみたいなと思っていたんです。もう一つは、大学四年生になって、単位が足りなくて受けたのが「オリエントスタディー」という日本文学を学ぶ授業で、受講生は八人しかいなかったんですが、面白かったんです。

渡辺　オリエンタルスタディーでは、日本文学だけ勉強したんですか?

ローゼン　最初は日本文学だけでした。後は東洋の映画の授業もあって、それは中国やインド、日本の映画もあった。
渡辺　日本文学に興味をもたれたのは古典ですか？　それとも現代文学ですか？
ローゼン　う〜ん。現代の方が好きでしたね。
渡辺　じゃあ、例えば三島由紀夫とか？
ローゼン　あ、好きですよ。ほとんど全部読んでます。英訳本で。
渡辺　あなたはロックミュージックをやっていたそうですね。かなり没頭したの？
ローゼン　大学のときはバンドをくんでギターを弾いていました。
渡辺　ちょうど、そういう世代ですね。先生のころは、ヒッピー世代かな？
ローゼン　そうです。ヒッピーでした。ほんとよ、髪がこんな長くて。
渡辺　しかし、日本語は全然分からずに日本にいらっしゃったんですね（笑）。私らがやっている『道標』という雑誌に、あなたがお書きになった文章を読むと、日本語が分からないのに、熊本大学の外国語教師という募集があったから受けたとありましたね。日本に来たいきさつが書いてありましたが、これは一つの冒険ですよね。冒険が好きだったんですか？
ローゼン　全然。怖くてたまりませんでした。はっきり言うと、もう、やめたかった。ＯＫという電報が来たとき、僕は迷ったんですよ、ずいぶん。そしたら、友だちが「ローゼンは行きます」という電報を送ってくださって（笑）。

渡辺　ローゼンさんというのは、どんどん冒険の中に突っ込んで行く人かなと思ったんだけど。

ローゼン　違います。臆病です。

二五年間怒って、諦めた

渡辺　ところで熊本大学では、大変怖い先生だったそうですね。

ローゼン　ねぇ、自分もびっくりしました。へえ、こんなに優しいのにと思って。

渡辺　お人柄は優しいが、ティーチャーとしては厳しかったの？

ローゼン　だって、宿題してこないんですよ。僕が与えた宿題を読んでこない。質問すると、「分かりません」とか平気で言うし、この調子じゃダメだと思って怒っていたんです。

渡辺　僕の長女は一九七七年に熊大に入学したんですが、大変怖かったと言っています。なぜかと言うと、あなたが意見したとき、学生がモジモジして何も答えないと、見る見る顔が真っ赤になってきてね、そしてものすごく怒る。あんなに怒る先生は高校のときもいなかったし、熊大にもいないし、初めて見たと驚いていた。

ローゼン　恥ずかしいですね（笑）。

渡辺　いやいや。ものすごく怒る先生だということで、びっくりしたそうだけど、びっくりしたという意味の中には、それだけあなたが真剣だと感じたということなんですよ。

ローゼン　すごい真剣でした。日本人の友だちや同僚が、「ローゼンさん、もういいよ。もっといい加減にしなさいよ」って言っていましたし。まあ、あのころは元気があったんですよね。

渡辺　アメリカの学生は自分の意見を言う？

ローゼン　意見をちゃんと言いますよ。でも、日本人は言わない。それと、準備してこない。それはやっぱり失礼でしょ。こんなに面白い授業をやっているのにと、思っちゃうよね。

渡辺　でもね、あなたは私の娘のころだけじゃなくて、ずーっと熊本大で怒ってらっしゃったのね。そこにいる女性の記者は、うちの娘より一二歳年下。この人のときもあなた怒ってたって聞きましたよ。

ローゼン　そう。二五年間ぐらい怒った。そして諦めた。怒っても意味がないとやっと分かった。

渡辺　全部英語でやったんでしょ、授業は。

ローゼン　ほとんどね。

渡辺　日本人はね、英語で言えないのね。それもあったんじゃないかな。

ローゼン　それもあったと思うけど、「日本語で言ってもいいですよ」って言っても、言わない。まぁ、やっぱり教授法が悪かったのかな。もっと易しくしようと、そういう雰囲気を作ったつもりだったんですけどね。それなのに言わない。

渡辺　ローゼンさんは結局、熊本大には何年いらっしゃったんですか？
ローゼン　定年退職までは三〇数年かな。
渡辺　後の方では、少し生徒は良くなりましたか？
ローゼン　ううん。なってません。悪くなっているだけ。でも、会話は少し上手になったかな。それから言ってみようという勇気は出てきたかな。でも、読む力が落ちています。文法が落ちている。
渡辺　そりゃ、読む力は落ちたでしょう。だって、教科書が変わったもん。中学、高校の教科書がね。
ローゼン　も、ちょっと言わせてください。今は仏のローゼンよ。変わりましたよ。
渡辺　うん、変わりましたよ。「サルーテ」ではまさに仏のローゼンですよ。優しいです。
ローゼン　今は「今度は頑張ろうね」と、小学校の先生みたいに言いますよ（笑）。

どうしてずっと日本にいるの？

渡辺　時々はアメリカに帰っておられるんですか？
ローゼン　はい。毎年帰ります。夏休みに。実家ではないですけど、小さいマンションアパートを買いました。

渡辺　それはご両親がいらっしゃるから？

ローゼン　もう両親はいないです。

渡辺　じゃあ、アメリカにもお家があるわけ？

ローゼン　あるんです。一カ月間だけ帰って、一一カ月間は人に貸しています。

渡辺　あなたは日本に来て以来、米国人と日本人の両方の現代の生活をなさったんですね。

ローゼン　そうですね。アメリカには一カ月しかいないですから、ちょっと向こうの情報には遅れているなと思いますけど。

渡辺　でも、アメリカの新聞とか、ずっとお読みになっていたわけでしょ。

ローゼン　日本では毎日、英字新聞を読んでいますけど、アメリカでは買いに行かなきゃいけませんので、毎日ではありません。

渡辺　テレビの国際放送なんかもありますから、日本におられる間は、やっぱり母国のいろんな出来事、政治経済、文化とか、そういうものにずっと関心がおありだったわけですか。

ローゼン　そうです。関心はあります。ただ、住んでいる友だちに比べれば、知識がずいぶん遅れていますけどね。

渡辺　そうしますとね、何でずっと日本に住みましたか？

ローゼン　日本は宗教に無関心な国。そういうところが大好きです。こだわらないところが。

渡辺　アメリカでは違いますか。

ローゼン　違います。アメリカは宗教が自由であることが誇りです。「あなたはユダヤが好き、どうぞ」「キリスト教が好き、どうぞ」「仏教が好き。どうぞ」、でも、それぞれの宗教にこだわりが強く、衝突もある。日本はどっちでもいいの。なくてもいい、あってもいい。

渡辺　そういうところがラフカディオ・ハーン（小泉八雲）に似ているじゃないですか。

ローゼン　似ていますね。

渡辺　ハーンは厳格なキリスト教徒を嫌いだった、特に宣教師が嫌いだった。

ローゼン　そう。それはちょっと似てますね。

渡辺　でも、それだけじゃないでしょ、日本にずっと住んでおられるのは。

ローゼン　そうですね。やっぱり文化が面白いです。

渡辺　日本人はよく日本に住んでいる外国人に、日本が好きかどうか、日本が気に入っているかどうか、どう思っているかとかさ、すぐ聞くでしょ。僕はあまり好きじゃないの。

ローゼン　そんな白黒な問題じゃないですものね。

渡辺　でも、ずっと日本にいなくてもよかったんでしょ。途中でアメリカに帰ってもよかったわけだし、あるいはもっと面白い国があればそこに行ってもよかったわけだし、どうして日本に長くいたんですか。

ローゼン　僕は臆病で冒険が好きじゃないんです。熊本はわりと住みやすかったし、日本人は優しかったし、仕事も良かったし。

渡辺　日本人は優しい？　まあ、日本人は外国人には優しくするけど、それはよく思われようとするからね。

ローゼン　僕には優しかった。表面だけかもしれないけど(笑)。すごく尊敬する人にも出会ったし。

渡辺　それはあなたの人柄がよかったからですよ。

ローゼン　どうか分かりませんが。いい習字の先生に出会いまして、この方は素晴らしい人でした。

渡辺　それは熊本に住んでいる方？　習字は習いたいとお思いになったんですか。

ローゼン　はい。外国人の友だちの薦めで、色紙を書くと、軽くていいお土産になるのよって(笑)。この習字の先生も実は寂しい人なんです。ご主人が亡くなって、子どもさんもみんな東京に行っていて一人暮らしなんです。今、九四歳なんですけど。

渡辺　じゃあ、ローゼンさん、習字がだいぶん上手になりましたね。

ローゼン　いや、彼女は二、三年後に諦めた。「あなたは無理です」って(笑)。

ハーンに共感しますか？

ローゼンさんが熊本大に来る約八〇年前、ラフカディオ・ハーンもこの学校（当時は五高）で教鞭を取った。ハーンは日本人と結婚し、日本国籍を取得し、日本に骨を埋めている。

渡辺　日本に来られるときは、ハーンのことはご存じだったんですか。

ローゼン　ただ名前を知っていただけ。『怪談』も読んでいなかったです。

渡辺　ハーンには共感なさいますか？

ローゼン　シンパシー？　ありますよ。とってもありますよ。

渡辺　どういう点で？

ローゼン　まあ、立場が似てたですね。同じ外国人教師だったし、彼も奥さんは日本人だし、言葉の問題とか、文化の違いとか、彼の気持ちがよく分かったような気がしまして。

渡辺　彼の作品については？

ローゼン　文章がね、はるかに僕よりうまいなと思いまして、表現力がなかなかいいなと。古いけどね、文体は。

渡辺　日本にずっといた理由なんだけど、臆病とおっしゃって、親切にしてもらった、住みやすかったとおっしゃいましたけど、熊本は住みやすかった?

ローゼン　住みやすかったというのは、ちょっとうそっぽい。

渡辺　うそねぇ(笑)。

ローゼン　住みにくかったです。住みやすいところもあったけども、考えたら大変でした。

渡辺　最初に西合志(現合志市)に行っちゃうからですよ。あそこに、元結核療養所だった再春荘病院ってあったでしょ、そこに僕は一八歳から四年半いたんです。患者で。だから、僕にとっては懐かしいところなんです。

ローゼン　へえ! 農業試験場の近くね。

渡辺　僕は再春荘のナースとね、あいびき、あいびきって分かるかな。デートしたり(笑)。ま、それはいいんだけどね。あなたが西合志にお行きになったころ、風景が美しかったでしょう。

ローゼン　もう、田舎でね。住みにくかったのは、まずは食べ物。それから湿気多い。夏は暑くて、虫が多い。しかも、でっかくて。でっかいよ、ゴキブリ、クモ。トイレに入って、でっかいクモがいたら、「失礼しました」と言いたくなる。ここはセミジャングルだと思った。竹も速いスピードで大きくなる。やっぱり、ニュージャージー州は北の方だから、虫はあまりいなくて、アリが一匹でも家の中を歩いたら、母が「わあー、冗談じゃないわ」ってすごかった。日本は違うよ、ここはアリだらけよ。やっぱり、自然とともにというか。

渡辺　それだけじゃないでしょ、日本のソサエティー（社会）というか。

ローゼン　ソサエティーに入るのは一番難しかった。今でもよ。なじめない。一つは自分の責任でもある。言葉がまだまだ不十分で、聞いている話が大事なところ分からないから。

渡辺　僕が話していることは大丈夫ですか。

ローゼン　ほとんど大丈夫です。

渡辺　分からない言葉があったら、聞いてください。

ローゼン　聞いたら、ちょっと話が進まない（笑）。来たときに比べればずいぶん分かるようになったけど、テレビのニュースを聞いていても聞き取れない。そして、聞き取るためにすごいエネルギーがいるんです。

渡辺　あのね、近ごろのテレビは速いんですよ。昔はもっとゆっくりはっきり言ってました。でも、近ごろはものすごく速いから、日本人の僕でも聞き取りにくいことあります。

ローゼン　そうですか。ありがとうございます。言語の問題もありますけど、やっぱり自分は外国人だって割り切れないと、長く住めないですね。

渡辺　やっぱり垣根みたいなものがあるってことですか。

ローゼン　あります。外国人だから特別優しくしてくださるって、時々有利なこともあるけど、時々、不利。自分が映画スターのように「おお、ローゼン先生！」と扱われることもあるけど、猿みたいに扱われることもある。本当は真ん中へんにいたいけど、この社会はなかなか難しいですね。

渡辺　日本の大学はなかなか移籍することが難しいんだけども、選択肢としては東京の大学で教えるとか、京都の大学で教えるとか、そういうこともあり得たでしょ。

ローゼン　探さなかったですね。熊大は居心地が良かった。ほかの大学に行っても、たぶん変わらないだろうと勝手に思ってしまって。

渡辺　最初はローゼンさんの待遇は今と違ったんでしょ。

ローゼン　はい、最初は二年契約。それからずっと一年契約でした。

渡辺　それは外国語教師ということでね。普通の先生たちとは別コースなんですね。

ローゼン　はい。まったく。

渡辺　だから、教授になられるのも遅かった。

ローゼン　最初はなれなかった。外国人教師はいつまでも外国人教師。六年ごとに給料がちょっと上がるシステム。国が外国人教師のシステムをやめるとき、各大学の判断で私は日本人と同じシステムになりましたが、三年契約の二回更新可能という条件付き。もう一つは、准教授までで教授にはなれないという条件もありました。いろいろあって、最後の二年間は、教授になってもいいということになりましたけど。

渡辺　英文学の方の研究のことですが、最初はミルトンで始められましたけど、後の方は何を専門にされたんですか。

ローゼン　ラフカディオ・ハーンの方に変わりました。

渡辺　でも、ローゼンさん、これからお書きになりたいものあるでしょ。

ローゼン　う〜ん、まあ。でも、書くのは嫌い。

渡辺　え？　嫌い？

ローゼン　難しいんですもん。でも、難しいけど、書いてみる。今、恥ずかしいけど、最近、夏目漱石の『坊っちゃん』を読み返したら、僕も同じようなものが書けるんじゃないかと思って、書き始めたんです。熊大のT教授は……なんて、ユーモラスな感じで。

渡辺　それは、英語でね。

ローゼン　誰も読む人はいませんけどね。

渡辺　います、います。たくさんいますよ。

ローゼン　熊大の事務の冷たさとか（笑）。

渡辺　じゃあ、小説を書いてください。あなたは学者でもあられるけど、僕は以前シンポジウムであなたの考えを聞いて、オーサー（作家）という感じがしました。そういう感性をお持ちだと思いました。ハーンについておっしゃることも、もちろん学問的でもあるが、見方がやはり書く人なんです。そういう文学研究者だけじゃなくて、文学者としての感性を持ってらっしゃると私は思う。

ローゼン　ワオ！（笑）。なるほど。私もほかの先生と何か違うなといつも感じていましたけど。

渡辺　でしょ。だから、あなたのはさ、ロックミュージシャン以来お持ちになっていらっしゃる感覚なんですよ。陶芸もおやりになるし、だから、作る人なんですよ。

ローゼン　作るのは大好きです。でも、うまい文章は……。

渡辺　うまくなくていいんですよ、ノベルをお書きになってください。

ローゼン　ストーリーのコレクションになるかもしれませんけど。

渡辺　いやいや、それでいいんですよ。僕はね、フラグメンタル（断片的）な作品って好きなんですよ。一つの物語（ストーリー）を巧みに、しかも厳密に仕組んでいく人と、思い付いて書く人、つまり何か書かないと次が出てこないタイプがあるんです。僕はフラグメンタルな作家が好きなんです。

ローゼン　じゃあ、頑張ってみます。ありがとうございます。

見る目、美的感覚が違うんです

大学時代から始めた陶芸の魅力にはまり、家には工房もある。妻の三早枝さんは陶芸作家として活躍している。

渡辺　それから、陶芸もやってらっしゃるでしょ。アメリカにいたころからやってらっしゃったの？

ローゼン　はい、大学院のときに始めました。

渡辺　陶芸というものがアメリカにあるんですか？

ローゼン　もちろん。あります。

渡辺　ああ、そうか。磁器がないんですね。

ローゼン　磁器もあります。

渡辺　磁器はもともとチャイナからでしょ。じゃあ、アメリカにも窯があるんですか。

ローゼン　もちろん。

渡辺　じゃあ、世界的なものなんだな。

ローゼン　でも、日本の窯とは違うんです。

渡辺　学生のころからおやりになったんですか。

ローゼン　そうです。大学院のとき。気晴らしになると思って。

渡辺　人吉の先生に習っておられるんですね。陶芸家にもいろいろいると思いますけど、その先生に行かれたのは、人に勧められて？

ローゼン　ううん。習いたいと思って、日本人の友だちに聞いて。

渡辺　その今の「ううん」というのはいいですね。それはアメリカというか、英語にはないでしょ。それは女の子の言い方なんですよ。

ローゼン　だって、女性とよく付き合ってたから（笑）。しばらく、「ううん」とか、「何々なのよ」とか、女性の日本語になっちゃって。あまり男性的な日本語は使いません。

渡辺　ところで、日本で習った陶芸とアメリカで習った陶芸は違いますか。

ローゼン　全然。違います。見る目というか美的感覚が全然違う。

渡辺　その違いというものをもうちょっと言ってください。

ローゼン　言えますよ。例えば、日本の「わび」「さび」とか、渋さはアメリカにはないんです。ただ、見方が違うのは国の違いだけじゃなくて、日本の中でも先生によっても違う。これは私の作品なんですが、大きな意味があります。

渡辺　おお！　これはあなたの作品？　ワンダフル！

ローゼン　これは人吉の窯で焼いたんです。この模様は、窯の天井の釉薬がぽつんと落ちたものなんです。先生は「あ、失敗したね、ローゼンさん、残念です！　ここにもひびが入っている、また作りましょうね」と励ましてくれた。で、別の先生に見せたら褒められた。「ローゼンさん、これわざと？　これはいいよ。わざとなら大したもんよ」と（笑）。

渡辺　あなたは陶芸作家なんですね。今や。

ローゼン　いや、とんでもない。妻が作家よ。

渡辺　でも、個展をなさるんでしょ。

ローゼン　個展はしない。ちょこちょこっと展示するだけ。

渡辺　陶芸やっていこうっていう野心はないんですか？

ローゼン　あ、やっぱり見る目が足りない。彼女の方が目が上だって、やっと分かった。

渡辺　熊本の街について何か思うことはありますか。遠慮なしにおっしゃってください。

ローゼン　あー、ごちゃごちゃです。森の都は言葉だけです。壊す一方です。今、白川は膨大なお金を出して、自然を破壊して、石（コンクリート）ばっかりにしている。自然の歯を全部取って、すべて人工の金歯にするという感じ。もう泣きたくなる。熊大の裏もそうよ。自然はそのままでいいのに。改善すればするほど、自然がなくなってしまうから、泣きたい。

渡辺　街路樹も刈り込むでしょ。アメリカはやりますか。映画を見ると、伸ばし放題のように見えるんですけど。

ローゼン　あんまりしませんね。実は教育と同じだと思うんです。

渡辺　もっとご意見はありますか。

ローゼン　そうですね。まず、この窓から見えるんですけど、電信柱に電線が多すぎる。それを埋めてほしい。橋はいいの、お金はこれにかけてほしい。それは日本古来の美的感覚と本当に矛盾している。日本はものすごく美しさにこだわるのに、街は醜くても全然平気なんですよね。

渡辺　ところで、日本にずっとおられたのは、奥さんと結婚されたからというか、奥さんがおられたからではないですか。(笑)。
ローゼン　そうですね。それは大きい!(笑)
渡辺　陶芸仲間でお知り合いになったんでしょ。
ローゼン　そうです。そして、子どもが生まれると、だんだん根が深くなる。簡単に学校をやめさせて、連れていけないし。だから、まあ、いいでしょうと。
渡辺　結局、もうアメリカに帰らず、このまま日本でお過ごしですか?
ローゼン　難しい質問ですね。定年退職したら、アメリカに半年、日本に半年が理想だなと考えたんですよ。でも、定年退職しましたが、実現できません。お金がものすごいかかる。車ここにある、保険とか。向こうに六カ月いるならば、向こうでも買わないといけない。
渡辺　じゃあ、このままずっと日本で生涯過ごされるのは不本意ですか。本当は半年ずつ日本とアメリカと暮らしたいんだけど、お金が許さないからできないのかな。
ローゼン　はぁ〜、難しいですね。それともう一つはね、たぶん妻が行かない。自分の陶芸教室があるし、ここに姉妹やお母さんもいる。だから、行くとすれば、半年間一人で行くことになる。
渡辺　寂しいでしょう、日本で生涯を終えるのは。
ローゼン　寂しいときってありますよ。

渡辺　でも、人間ってみんな寂しいからね。どっちみちね。日本で生まれて、日本で死んだって寂しいんだからね。

ローゼン　妻に時々聞かれるんです。「死んだらどうしてほしい」って。いろいろ考えたけど、死んだら火葬して、遺骨の半分を日本、半分を生まれた町のアメリカの海に持っていって、今はそういう考えですけどね。

渡辺　子どもさんは何人ですか。みんな日本にいるの？

ローゼン　三人です。みんな日本にいます。今、大阪と東京にいます。

渡辺　それぞれご自分で仕事なさって？

ローゼン　はい。

渡辺　そうですか。それは安心ですね。変な話ですけど、子どもさんとはコミュニケーションは英語？

ローゼン　全部英語です。小さいときから。

渡辺　そうすると、子どもさんは英語は達者なわけだ。

ローゼン　まあまあね。だんだん下になるほど、上手になっている。一番下の子は、アメリカに一年間、イギリスに一年間留学したから、彼女はかなり自然です。彼女より少し上のお姉ちゃんはアメリカに一カ月半しか留学しなかったから、まあまあ。一番上の子は全然留学してないからね。

渡辺　お父さんとはこうやって英語でやりとりするわけでしょ。バイリンガルなんだね。

ローゼン　一・五リンガルかな。小さいころは、一日中日本語で話していて、夜だけ無理やり僕が英語で質問して会話をさせていたけど、お母さんとは日本語だから。僕のことは無視して、お母さんにばかり話しかけてましたね。闘いましたよ。きつかったですね。

渡辺　ローゼンさんは、日本語の本はあまり読まないんですか。

ローゼン　全然。

渡辺　どうして？

ローゼン　日本語で読むのは難しい。漢字が。

渡辺　辞書をひけばいいじゃない。

ローゼン　もう、すぐね、あくびが出て、眠くなっちゃう。しんどいです。英語で読むのは好きなんですけどね。日本の小説は全部英語で読んでいます。三島由紀夫もね。

外国語は世界を見るもう一つの窓

渡辺　最後に、日本の若い学生にひと言言いたいことがありますか。

ローゼン　勉強してください。アメリカの学生の方が勉強します。やっぱり、大学は勉強する場所です。若いうちにね、外国語は勉強した方が効果的です。だから、勉強しないと、もったいない。僕がよく学生に話すんですが、自分の頭の中は一生住まなければならない部屋のようなものなんです。その部屋の壁には、世界を見る一つの大きな窓があって、それが母国語です。つまり、外国語を覚えることは、別の角度から世界を見る「第二の窓」をつくることなんです。文学を読むということは、部屋を快適にするために壁に絵を飾ることと同じ。大学時代は、快適で面白い、あなたの部屋をつくるチャンスです。

渡辺　日本に来て良かったと思いますか。

ローゼン　良かったと思いますよ。日本に来たおかげで、母と仲良くなった。それは一つ。これだけでも意味があった。

渡辺　それは離れていたからそうなったのかな。

ローゼン　違います。さっき話していた習字の先生のおかげかな。僕が初めてボーナスが出たときに、「ボーナスもらったから、ごちそうするよ」って言ったら、彼女が「お母さんにお金を送った?」と言うから、「いいえ、送ってません。だってそういう関係じゃない。私はお母さんにお金をあげたことは一度もないし、何か変だから」と言ったら、彼女が「一度、やってごらん。きっと喜ぶよ」って言ったんです。言われる通りに一度やってみたら、母の態度がくるっと変わった。急に僕の株がぐーっと上がって、「やっぱりいい子だね、ありがとね」って。それからだんだんすごい仲良しになった。それまでは会うと、けんかばかりだったから。ばっかりじゃないけど、よくけんかしていました。彼女は習字の先生だけど、お母さんみたいな存在で、母の代わりに僕の結婚式にも出てくれたんですよ。だから、彼女を含めて素晴らしい人に出会ったことも、日本に来てよかったと言えるかな。陶芸の先生に美的感覚を習ったのもよかったよ。日本語も面白いしね。時々、嫌いだけど。

渡辺　嫌いというのは。

ローゼン　うまく表現できないから。忘れるし、読めない。うまく話せないときもイライラします。

渡辺　でも、今日は間違い一つもなかったですよ。

ローゼン　何を言ってますか。それは耳の問題かもよ。

渡辺　あなたは、いい日本語ですよ。本当ですよ。

ローゼン　もっと一〇年早く来てれば良かったね、もっとうまくなったと思う。

渡辺　十分ですよ。それに、ローゼンさん、あなた、まだお若いんですよ。僕より一五歳も下ですよ。

ローゼン　だから、若いのはあなたです。一九三〇年生まれってびっくり。負けたって思った。日本人は若く見えるから、それはちょっと嫌なところ。私は、競争できなくて悔しい。

渡辺　今日は面白かったね。おかげで、よいお話ができました。

4

分からない言葉の世界にひかれる

長崎書店・児玉真也さん

熊本市の老舗本屋「長崎書店」（熊本市中央区上通町）で、入り口付近の人文書コーナーの選書を担当する児玉真也さん。入社4年めで、哲学書や思想書、歴史書などをまかされている。
宮崎県新富町育ち。ドラムをしていた父の影響で始めたギター歴は約20年。バンドがやりたくて一時ロンドンにいたこともある。長崎書店スタッフ紹介欄には「その声に『詩』を嗅ぎつけて以来尊敬するジョン・レノンとは、今でも友だちになりたがっている。1日たりとも読書が欠かせないという日常はまさに、『NO BOOK、NO LIFE!』」とある。

ほかの書店にない本から置く

渡辺　本屋さんは、一つの書棚について、月間どれぐらいの売り上げを上げているかという統計は取っているの?

児玉　取っていますね。

渡辺　そうすると、現代社会、歴史、哲学、思想とか、広い意味で人文書には七つの分野があるんだけど、稼働率は悪いんじゃない?

児玉　悪いですね。

渡辺　普通の本屋は、こういう人文書とか専門書はさ、だいたいは店の奥の方に置いているよね。表に置いているのは、たいてい一般向けによく売れる本とか、雑誌とかね。店の前面に出したことで売れるようになったのかな。

児玉　少しずつは売れるようになりました。やっぱり、こういう本は効率が悪いので、まず置いていないんですよ。でも、ほかの書店に置いてない本から置き始めたんです。こういう本が読みたい人がきっといるんじゃないかと思って。

渡辺　例えばさ、大型書店は、こういう人文書とか専門書を一応置いているんだけども、ただ仕入れるから置いているという感じなんだな。でも、長崎書店の場合はそうじゃなくて、意識的に棚をつくって、自分の持っている教養とか、自分が持っている好みとかがあって、かなり意識して並んでいる感じなんだよね。つまりね、人が持っている蔵書もそうなんだけど、自分なりに分類して並べているでしょ。その並べ方でその人の知的レベルというのが分かるんだけども、あなたの場合は漫然と並べているわけじゃなくて、知的な遺産というものに対して、ある見識や一つの好みがあるんだよね。うわあ、エルンスト・ユンガー（ドイツの思想家）の『労働者』（月曜社）があるじゃないの。こういうのさ、普通に入ってくるの？

児玉　これは頼まないと入らないですね。

渡辺　君はユンガー知ってるの？

児玉　名前ぐらいですけどね。

渡辺　名前でも知ってればえらいよ。

児玉　やっぱり、この棚を担当し始めてからなんですよ。こういう名前を知るようになったのは。

渡辺　へえ、これ翻訳が出てたんだね。よし、これは買うぞ。ちょっとレジに行ってくる。

児玉　ありがとうございます（笑）。

渡辺　あなたは毎日、何が何冊売れたかチェックしているの？

児玉　そうですね。書棚の担当者は五人いるんですけど、それぞれ持っている担当の棚は必ず、どういうものが売れたかをチェックします。

渡辺　あなたは人文書だけじゃなく、外国の文学にも詳しいのよね。いつか、ロレンス・ダレル（イギリスの小説家、詩人）の小説『アレキサンドリア四重奏』が置いてあったね。あれは売れたのかな？

児玉　売れました。

渡辺　あなたは外国文学の構成も、なかなか基本がしっかりしているんだよね。今はさ、外国文学の棚は割と、現代作家ばかり置いているんだよね。でも、あなたはそうじゃないんだよね。

児玉　ありがとうございます。すごくよい本ばっかり出す出版社があるんですよ。

渡辺　ところで、あなたは熊本生まれですか。

児玉　宮崎です。

渡辺　で、大学は？

児玉　行ってないですね。

渡辺　じゃあ、どうして熊本に来たの？

児玉　友だちが熊本大にいて、バンドを始めたんですけど、僕も音楽が好きで、それでつられて来てしまったんですよ。そしたら熊本が気に入ってしまって。

渡辺　それで、友だちとバンド活動をやりながら熊本にいるようになったの？

児玉　そうですね。でも結局、彼とはほとんどバンド活動やっていないんですよ。死んじゃったんで。

渡辺　え？　死んじゃった？

児玉　そうなんです。自殺しちゃって。

渡辺　それはあなたが高校を出てすぐのことですか。

児玉　いえ。僕は卒業してしばらくは宮崎の工場で働いて、たまったお金で二カ月ぐらいロンドンに行ってたんです。

渡辺　それは何をしに？

児玉　向こうでバンドやりたいなと思って。

渡辺　スタッフ紹介に、君はギターをやるって書いてあったね。

児玉　結局、ぜんぜんだめというか。当時、一九歳だったんですけど、どうやって生活していけばいいのかが分からなくて戻ってきちゃいました（笑）。

渡辺　ロンドンに行って、それから熊本にいらっしゃったというわけですか。

児玉　そうですね。

渡辺　それで友人が死んじゃった。それからどうしたの。熊本でいろいろとしながら過ごしていたのかな。

児玉　岡田珈琲という鶴屋百貨店の中の喫茶店で働きながら、バンド活動をやってました。

渡辺　平成二〇年入社って書いてあったね。長崎書店は募集かなんかしてたの？

児玉　ちょうど職を探していたときにネットで見つけまして。当時はインターネットを使い始めたころで、ひょっとして募集とかしていないかなと思って、そのとき初めて長崎書店のブログを見たんですよ。そしたら偶然、募集が出てまして。

渡辺　本が好きってあったけど、書店で働きたかったんだ。

児玉　実は僕はもともと書店員には向かないと思っていたんです。ベストセラーとか、売れ筋ランキングであふれかえっている世界には、きっとなじめないと思っていたんです。

渡辺　なるほどね。ところで、熊本に来て何年になるんですか。

児玉　一〇年ちょっとぐらいです。

大江健三郎を読んだのがきっかけ

渡辺　さっきも言ったけど、今の本屋が外国文学を置くとしたらたいてい、現代の作家たちなんだよね。日本で言うと、村上春樹みたいな作家のアメリカ版というか。でも、あなたは外国文学にも詳しいようだし、古典というか、一九世紀のヨーロッパ文学もある程度読んでいるんだ。読まないにしてもある程度通じているわけね。

児玉　そうですね。それなりに。

渡辺　それは自分で勉強したの。

児玉　そうですね。あるとき、大江健三郎さんの『死者の奢り・飼育』を読んだのがきっかけなんですよ。それで、読書欲に火が付いたんです。とにかく何を書いてあるかよく分からないし、読みにくい本だったんですが、日本人の僕が日本語の本をなんですっと読めないんだろうと思って、逆に分からない言葉の世界にひかれていって、それから思想や哲学とか、古典文学に広がっていったんです。

渡辺　そうすると、思想書なんかも、かなり自分で読んでいるわけ。

児玉　人文書の方は文学に比べると、あんまり読んでいないんですけど。最初は文学を読んでいて、いつのまにか思想家とか哲学者の名前を知っていたという感じですね。

渡辺　たとえば、ユンガーの本を三冊も仕入れたのはどうしてよ。

児玉　勘なんですよ（笑）。仕入れようと思うポイントはいくつかあるんですが、一つは信頼できる版元さん（出版社）であるということなんです。前からいい本を出すなと思っていた版元さんからあの本が出て、ユンガーの名前を知ったんです。こんな人がいるんだって。

渡辺　ユンガーっていうのは、第一次世界大戦の塹壕《ざんごう》世代でね、要するに戦争に行って後で市民生活に復帰できなかった人たちの代表みたいな人なんだよね。ナチスに通じるところもあって一時期はタブーになった人だけどもね。それにしても目配りが広いですね。ところで、ハンナ・アーレントは知っていたの？　それとも映画があってから知ったの。
児玉　彼女の『イエルサレムのアイヒマン』を読んでいたので、注目はしていました。
渡辺　熊本で映画が上映されるってことでコーナーを設けたわけなの。
児玉　実は映画を熊本でやるって決まる前なんです。東京でやるらしいと聞いてコーナーをつくったんです。
渡辺　それでアーレントの本をそろえたの。
児玉　そうなんです。
渡辺　アーレントの本で一番売れたのは何でした？
児玉　『アイヒマン』ですね。六冊売れました。
渡辺　六冊！　そりゃ、つらいわ。
児玉　ガンガン売れた時代もあったんですよね。
渡辺　俺の本でも六冊ぐらい売れるぞ。私の本は熊本では売れないんですよ（笑）。
児玉　そうなんですか。うちでは売れますよ。
渡辺　へえ、そりゃ、うれしいね。でも、今どきハンナ・アーレントなんて読む人がそんなにいるわけないんだけどね。いたら、逆に気持ち悪いよ。そんなにいないというのが正常なんだけど、ハンナ・アーレントの本を読みたい人が来たら、ちゃんとあるということがいいことなんだよ。

児玉　興味を持っている人がいるってことを信じてやっている状態ですね。

渡辺　大学の先生はお客さんとして来る？

児玉　ちらほらとですね。

渡辺　あの人たちはね、自分ところの学校の生協で買うんだよ、一割引だから。彼らが街の本屋で買ってくれるといいんだけどね。それで、あなた自身は文学が好きで、しかも西洋文学も読むと。それで、思想的な本も読むと。一方じゃ音楽も好きで、ギターをやるんだろ。

児玉　もともと本には興味はあったんですけど、二〇歳過ぎまでは自分の興味が音楽に向いてまして、自分の時間のほとんどを音楽に使っていましたね。

渡辺　今、三二歳とおっしゃったね。ところで、自分で書いたりしないの。

児玉　今はしていないですね。書きたいです。

渡辺　それは楽しみだな。ところで、あなたが入社したときから、今のような店づくりをしていたんだね。こういう売り場の構成にしているのは社長の方針なんだったね。

専門性があって間口が広い店に

創業一二五年を迎える老舗本屋を個性的な店に変えたのは、二〇〇九年に社長兼店長になった四代目長崎健一さん。

書店経営に懸ける思いを『熊本日日新聞』にこうつづっている。「やはり書店は、自主的な仕入れの割合を高めて棚を作り、棚を通して読者と対話していかなければならない」。

児玉　専門店としての本屋というのを重視しつつ、子ども一人からでも気楽に入れる店にもしたいっていう思いが社長にはある。専門性があっても間口が広い店にというのは不可能じゃないっていう思いを持っているんですよ。

渡辺　長崎書店というのが熊本でどういう本屋であるかってことは知ってる？

児玉　長崎書店の歴史ですかね。それはひととおりは。

渡辺　長崎書店というのは、熊本を代表する本屋でね、長崎書店なんて我々は言ってなかったのよ。「長崎次郎、長崎次郎」って言ってたのね。つまり、僕は最後の五高生なんだけども、つまり熊本に五高があった時代、少なくとも昭和三〇年ぐらいまでの熊本では、本屋といったら長崎次郎書店。もちろんほかにも金龍堂という、それに対抗する書店があったんですけどね。だけど、本屋といったら長崎次郎。つまり熊本の知的水準というか、知的な雰囲気を代表する店だったんですよね。ところが、大型書店が次々と進出してきてね、長崎書店は売り場面積も大型店にはかなわないし、かといって、何の特色もない。要するに、落ちぶれてしまったわけなんだよ。僕も、昔は本を買うといったら、長崎書店で買うか、あるいはまるぶん（金龍堂がのちに名をかえ、まるぶんとなった）で買うというのが普通だったんだけども、おたくをのぞくことなく長い間が過ぎたんだ。

ところが、二、三年前ぐらいかな、入ってみたら入り口からすぐの売り場に人文書が置いてある。それから、文芸書も、通俗のエンターテインメントじゃなくて、本格的な海外文学、あるいは日本文学が置いてある。こんな本屋は熊本にないわけだよ。大型店は、歴史書とか人文書とか置いてはいるが、奥の方に置いている。だから書店の入り口付近は人があふれかえっているけど、ずっと奥の専門書のコーナーには、一人いるか、二人いるか、あるいは誰もいない状態なんだよね。そして、本の置き方も委託で入ってきたのを、一応の分類でただ置いているだけね。自分から特に取り寄せたという構成じゃない。

でも、おたくの人文書は棚の構成の仕方が通なんだよね。かなり高いレベルで、例えば西洋思想史なら現代的なものから古典的なものまで一応の概念を持っていて並べている。自分の考え方を持っているやつじゃないと、こういう本の並べ方はできない。一人の知識人、読書人として、これにはちょっとびっくりしてね、これはただ者じゃないぞと、相当な通であると感じてね。最近、また長崎書店に来るようになったんですよ。大げさに言うと、感動するというか、よくやってくれたというふうに思っているわけなんですよね。さて、それで問題は商売になっているかっていうことなんだけどね。

児玉　二、三年前に久しぶりに来てくださったとおっしゃいましたけど、そのちょっと前から僕はやり始めたんです。今のところ、人文書だけで見るなら横ばいかな。
渡辺　それじゃ、人文書の棚の前に来るお客さんは増えてますか。
児玉　そうですね。間違いなく徐々に増えているとは思います。ただ、それが売り上げにはまだつながっていないですけど。おそらく数年がかりになるという気持ちでやっているんです。結果が出るまでに何年かかるかもしれないけど、よい本が売れるようにと思っています。
渡辺　店全体としてはどうですか、人の入り具合は。変わらないんですか、それともよくなって来ているんですか。
児玉　少しよくなっていると思います。
渡辺　どこでもあるような本屋なら、どこだっていい。そうじゃなくて、独特のポリシーを持っていて、特色があるというところなら、ファンが付いてくると思うんだけど、そういうファンが少数であっても付いてきているという手掛かりはあるんですか。
児玉　はい、そうですね。
渡辺　だけど、このお客さんが誰かっていうのは分かっている？
児玉　あ〜、いや、それはまだ見えてないところがありますね。
渡辺　だろ？
児玉　ただ、一部、本の買い方に特徴がある人とか、よく店に来てくれる常連さんは分かります。人文書だと、分かりやすいですね。

大事なのは客とのコミュニケーション

渡辺　僕は本屋の店員というのは、客に声をかけることが大事だと思うんだよね。「この間も見えてましたね」とか、「この間は、こんな本を買いましたね」とかね。そんなふうなコミュニケーションを取ることが大事だと思うんですよ。

児玉　今、まさにそこを課題にして店づくりをしようとしています。

渡辺　古本屋というのは、ずっと通っていれば、店主と人間的な付き合いができてくるんだよ。そうするとさ、あのおやじの顔を見に行こうかなという気になって、あいさつ帰りに本を一冊買ってくることになったりする。新刊書ではなかなか難しいとは思うんだけど、やっぱり店員さんが客をよく見てて、例えば「誰彼が好きなんでしょ」って聞いてみると、「どうしてそんなことが分かるの」って驚くわけよ。「この前、こんな本をお買いになったでしょ」って言うと、しっかり覚えてくれているなと、また来ようかなって気になるわけなんだよ。そういう客とのコミュニケーションが大事だと思うんだよね。というのはね、やっぱり本屋というのはただ本を売っているだけじゃなくて、その都市や街の文化水準をつくっていくんだよね。要するに、ある都市の文化的な水準やレベルというのがあってね、具体的に言えば、ちゃんとした読書人がいないとちゃんとした本屋は育たないんだ。一方では、ちゃんとした本屋があるということが、ちゃんとした読書人を育てていくという、相互関係があるんだよね。だから、書店員が客をよく見てて、コミュニケーションを取るということが大事になるんですよ。そうすると、客はいい気になりますよ。「おお、俺のことを覚えてくれたんだ。また来よう」ってね。

それから、こういう時代ですから、本の発行部数は僕らが青年時代のころよりものすごく多いわけですよ。読書人口も、非常に増えているわけなんだけど、その増えている読書人口というのは、こう言ったらなんだけど、ほとんどがエンターテインメントの分野なんですよ。あるいは、ハウツーものとか、実際の生活に役立つとかね、健康ものであるとか、言ってみれば、庶民の読み物なんですよ。庶民がそういうものを読むということは、大変結構なことなんですけれど、しかし、本当の文化や学問、芸術というものを支えている層というのは、やっぱりそれなりの鑑賞眼というか、自分の教養というものを持った、しっかりした読者層なんだよ。そういう読者層がいないと、ちゃんとした本格的な文化は維持していけないんですよね。例えば僕がまだ若くて二〇代の青年だとしますよ。さっきの人文書の棚を見ていて、知らない著者とかいれば、こいつは何者だろうかと思いますよね。それが大事なんだよね。こういう本があるんだ、こういうライターがいるんだと。本やライターというのは、バラバラにあるのではなくて、相互に結び付きを持っていて、一つの関連をなしているわけなんですね。だから、そういう知的な関連を見ると、興奮しちゃうわけですね。書棚を見ただけで、知的な世界がわーっと広がっていく。そういう棚をあなたはつくっているんですよね。

児玉　本当におっしゃる通りというか、僕は品ぞろえをするときに、そういう興奮状態になっているんです。まだ僕には知らない人なんてめちゃくちゃいるわけなんですよ。

渡辺　うん、うん、そうだ、そうだ。

児玉　それで、こんな人いるんだと、未知なものに出会って感動するんです。うちは人気な本ほどなかなか配本されなかったりしますが、でも、人文書系は基本的にこっちがアンテナを張っておけば、探し出して取り寄せることができる。でも、逆にちゃんとアンテナを張っておかないと、知らないうちにいつのまにか刊行されて、気付いていないってことになるんです。だから常にインターネットとかをかなり見て、情報を集めています。

渡辺　即、売り上げの向上につながっていくってことにはならないと思うけど、あなたが自分の勉強として楽しみながら作っていってらっしゃる棚というのが、僕は熊本の文化的なレベルにささやかであれ、影響していっていると思うし、影響していく日が来ると思うね。だから、長く続けてもらいたいな。

上通全体でファンづくりを

渡辺　今まで人文書の話をしてきたけど、もちろん今の本屋はそれだけじゃやっていけないわけで、あなたは本屋の社会に対する責任を果たす一端としてやってるわけね。本屋が持つべき恒久的機能をちゃんとやっていかなきゃということでやってらっしゃるわけで、商売としてはほかの棚で補いをつけるということなんですかね。入店者はどうですか。少しずつ増えていますか。

児玉　売り上げで言うと、微増ですかね。雰囲気でみても、入店者は増えていると思います。

渡辺　微増ならいいよ。話は変わるけど、あなたは音楽をやってて熊本に来て、カフェで働いたりして、今、居場所を見つけたわけだ。

児玉　そうですね（笑）。

渡辺　自分の居場所を見つけて、自分の棚を任せられて、よかったですね。ところで、熊本は住んでみてどうですか。

児玉　う〜ん。自分の故郷とあんまり変わらないかな。宮崎市の近くの田んぼが多いところに住んでいたんですけど、街で暮らしたのは熊本が初めてですね。

渡辺　東京暮らしはないの。
児玉　出張で行くぐらいですね。
渡辺　僕は今はアマゾンから本を買うことが多いのよ。本屋っていうのはさ、何かを探して買いに行こうじゃなくてね、街に出たときにほかに寄るところがないし、相手してもらえるところがないから、近ごろカフェも減って、タバコも吸えないところばっかりでね、後は本屋に寄るしかないかなということで、入ることが多いわけだね。僕は古い本が必要ですけど、今は古本屋のネットがあるから、たいていそこで取れるんだよ。今まで手に入らなかった本は二冊ぐらいしかない。明治年間のも手に入るんですよ。だけど、街に出たときに、僕は長年の習慣もあってほかに行くところもないから本屋をのぞくっていうことになるんだけどね、将来本屋はどうなると思う？
児玉　どうですかね。生き残ると思う……というか、生き残らせたいですね。
渡辺　それだったらね、ただ本を並べるだけじゃなくてさ、本屋に入ってみて、一種の満足感とか、楽しみとか、喜びとかが必要なんだよ。カフェにしても、ただコーヒーを飲ませるんじゃなくて、店の雰囲気が大事でしょ。つまり、店の持っている空間が一つの魅力なんですよね。本屋も一つの空間だから、何となく、ぶらっとするだけで豊かな気分になるというかね、店員から笑顔で迎えられたとかね、そういうふうな、市民がそこである充足感とか、喜びとか、楽しみとかを見いだせるような、そういう一つの都市空間としてやっていくという可能性はあるだろうね。ただ本を取り次ぐだけだったら、本屋は要らないもん。どう？　やっていけますか。それともやばいぞって感じですか。

児玉　今はやばいぞって感じはないですね。危機感は持ちつつも、結構明るいかなと思っています。今、接客とか、向上させようとしているんですよ、上通全体を巻き込んで。

渡辺　上通全体？　それは大事だね。本屋がポツンとあったってしょうがないもんね。

児玉　これまで単体で頑張ってきて、結構雑誌とかで長崎書店が注目されるようになってきた。本屋特集などでも取り上げてもらえるようになったんです。

渡辺　じゃあ、俺だけじゃないんだ、注目しているのは（笑）。

児玉　いや、人文書分野で注目してもらったのは初めてですよ（笑）。

渡辺　今さ、上通全体でって話があったけど、そこをもうちょっと話してください。

児玉　これから、熊本駅前にも商業ビルができるし、大江の方にも大型商業施設ができる。そういうこともあるから、上通全体に人が通らなければ、お店をやっていけなくなると思うんです。

渡辺　街中に来る人がもっと減る可能性があるということだね。それで？

児玉　上通スタンダードというのを始めまして。会社にはどこにも社訓というものがあると思うんですけど、それの上通版を作っているんです。

渡辺　例えばどんなこと？

児玉　上通全体で「安心、安全、清潔感」の店づくりなどサービス向上に努めて、上通のファンづくりをしようということです。

渡辺　上通は昔は熊本を代表する繁華街だったんだけど、戦後次第に下通に押されて地位低下しちゃった。だけどこの二〇年ばかりかな、上通から脇にはいりこむと、レストランとかファッションの店とかがたくさんできて、下通にはない雰囲気ができましたね。やはり街が賑わうためには、魅力のある個性的な店が必要なんだよ。長崎書店も前のような店だったらだめだけど、今では入ってみようかなって気になるでしょ。だから、そういう特色ある個性をもった店を増やしていくことだと思うんだよね。

それから、熊本は昔から客あしらいが悪くってね。例えば小さなたばこ屋にもっこすなおやじがいてね、「ハイライト」って言うと、奥に座ったまま黙って返事もしない。もっと大きな声で「ハイライト」って言うと、のそっと立ってきて、「そぎゃんおめかんだっちゃ（そんなに叫ばなくても）、耳は聞こえる」って言うから、「このくそじじいが。たばこ屋はほかにもあるぞ、お前のとこじゃ買わん」って怒った記憶がある（笑）。そういう売ってやるっていう感じのおやじがいっぱいいたのよ。まあ、さすがにそれはなくなったけどね。でも、やっぱり、熊本人はあんまり愛想のいい商人じゃないんだよ。だから、客との人間的なつながりができることが大事だと思いますね。ともにこの街で生きている人間という感じでね、そういう親和感ができるってことが大事なんですよね。そうすると、生きることが楽しくなります。熊本は城下町なんだけど、それらしい街が少ない。だから、上通はそういう今どきの明るい人工的なアーケードの街じゃなくて、しっとりした城下町的な古さを持った情緒的な街になるといいですね。そういった街の一角で、長崎書店も頑張ってくれて、上通がますます熊本で知的な雰囲気を持った街になるといいね。

5

一九四五年のリアリティーで生きているんです

画家・板井榮雄さん

雪山を背にころがるしゃれこうべ、寂しげな目でこちらを見つめる金髪の少女、子どもを食らうグロテスクな怪物……。画家の板井榮雄さんの自宅2階にある約20畳のアトリエには、寓意（ぐうい）を含んだ絵が無造作かつ意図的に並ぶ。

熊本で生まれ育ち、東京の多摩造形専門学校（現多摩美大）に学ぶが、胸を患い帰郷。洋画家・海老原喜之助が熊本で開いた「海老原美術研究所」（通称・エビ研）で才能を認められた。広告代理店での広告デザインや、熊本放送（RKK）で字幕タイトルを作成して収入を得ながら、絵を描き続けてきた。

板井さんはこの世の宝物です

渡辺　久しぶりだな、板井さんのアトリエに来るのは。もう来納めかもしれませんね。でも、ここは宝の山だな。

板井　セザンヌのアトリエがこんな感じです。粗末なもんです。

渡辺　この絵はすごいですね。

板井　不謹慎な絵でございます。ピカソの絵みたいに、二重、三重、四重の人格の絵でしょ。

渡辺　僕の家の玄関には、板井さんの絵がずらりと並んでいて、板井美術館みたいになってますよ（笑）。

板井　ありがとうございます（笑）。

渡辺　板井さんにはね、僕が昭和四〇（一九六五）年に創刊した『熊本風土記』の表紙とカットを描いていただきましたよね。これが板井さんとの最初の付き合いでしたね。

板井　はい。さようです。

渡辺　板井さんはもう八五歳になりましたかね。じゃあ、僕より二つ上ですね。

板井　八五歳といってもですね、僕の生き方でしょうけど、まったく現代や近代はないんです。パソコンもできませんしね。携帯電話も持ってないんですよ。

渡辺　携帯電話なら、私もないんです。

板井　あら！

渡辺　そうですよ。私は車も運転しないし、携帯も持たない。パソコンもだめ。同じですよ。

板井　わぁ、よかった！（笑）

渡辺　当たり前ですよ、僕らの世代じゃ。

板井　まったく、僕はミイラなんですよ。何て言うかな………。迷惑な存在なんですよね。

渡辺　なにが迷惑ですか。板井さんはね、宝物です、この世の。あなたみたいな人はいませんよ。

板井　なんてこと申しますか。でもね、携帯電話を持ってたら、外を見る時間がないんですよ。しょっちゅう携帯を見て触ってますからね。

渡辺　そんなに用はないですからね。でも、板井さんは、対談をするって聞いてから夜も眠れないとおっしゃったから心配しましたよ。

板井　さようでございます。今までの対談相手は若い人でしたけど、それとのコントラストで面白いじいさんを出そうと思ってらっしゃるのかなと思って、心配したんですよ。

渡辺　それもいいじゃないですか。

板井　困ります。何を言い出すか分かりませんから（笑）

ちっとも名前を売ろうとしない

渡辺　いや、僕はね、あなたが年賀状で「線が引けません」と書いてらっしゃったから心配だったんですよ。

板井　いやあ、弱音吐いたもんですからね。最近、『熊日』の「すぱいす」に乱れた変な絵を描いてますでしょ。知ってます？　「松寿庵先生　れき女の江戸咄《ばなし》」のコーナーなんですけど、あのイラストを頼まれて描いているんですけど、あれ変でしょ。

渡辺　そんなことないですよ。線がちょっとぐらいゆがんでも、大丈夫ですよ。

板井　いやあ、よぼよぼの字でね。

渡辺　年季がはいっとるんですよ。フランスの絵描きでセザンヌだったかな、晩年は筆をひもで手にくびり付けて絵を描いてたそうじゃないですか。

板井　それはルノワールのおじいちゃんですよ。

渡辺　でも、板井さんはちっとも有名になる気がないもんな。

板井　なれっこないですよ。

渡辺　そんなことないですよ。あなたの絵はちゃんとしているけど、ちっとも名前を売ろうとしないもんな。ま、そこが立派なんだけど。板井さんの絵はちゃんと後世に残りますよ。基礎の技術がしっかりしてらっしゃるし、独特の批評性というか、ユーモアがありますよね。で、きれいな絵を描くかと思うと、グロテスクな絵を描かれる。板井さんの画風もいくつか変わったんですね。

板井　いえいえ、変わってないんですよ。表層は変わっても、中身は変われないんです。人生と同じですよ。

渡辺　身体の方は大丈夫なんでしょ。

板井　……物覚えが悪い。

渡辺　それは私も同じ。全部忘れる。だいたいね、僕は一日置きに風呂に入るんですよ。それでね、ゆうべ入ったかどうか分からなくなるから、娘に聞くんですよ。僕の方がひどいんじゃないですか。そのうちご飯を食べたことも分からなくなるかもしれませんけどね（笑）。でも、富岡鉄斎（明治・大正期の文人画家）なんて、八〇過ぎてから絵が良くなったんですよ。板井さん、人がびっくりするような絵を描いてくださいよ。もうこうなりゃ、破れかぶれですよ。もう怖いもんはないでしょ。

板井　怖いものは……、渡辺さん。

渡辺　どこが怖いんですか。そんなことばっかり言うもんな、板井さんは（笑）。困るな、もう。でも、板井さんの漫画は面白い。僕が『西日本新聞』で「江戸という幻景」という連載をして、本になったんだけど、その連載中に漫画を描いてもらいましたよね。それが面白い絵だったなぁ。一枚はうちに飾っているんだけどね。本になるときにもその絵を使いたかったんだけど、編集者がその絵の面白さが分からなくて、ほかの絵に変えちゃったのよ。江戸時代を板井さんふうに解釈したイラストで、面白かったね、あれは。

板井　編集者は本を売らんといかんですからね。

渡辺　しかしなあ、板井さんと最初知り合ったのは昭和四〇年の『熊本風土記』のころで、もう一番古い友だちだよね。もう昔の友だちはほとんど亡くなってしまったもんな。その前は一時期、東京で暮らしていらっしゃったんですか。

板井　古い映画を観るような感じになると思いますけどね、初めて東京に出たときは立川の親戚の家にいたんです。あのころの立川には、大きな飛行場があって、米軍の基地ですね。そういえば三鷹事件というのがあって、その現場も見たな。ともかくですね、立川の方から東京の方に中央線で出ますとね、途中からずっと焼け野原が広がっていて、向かいに浮世絵のようなきれいな富士山があって、そしてあの日比谷のＧＨＱが見えたんです。今の人には想像できないと思うけど、延々と焼け野原が広がっていましたね。

渡辺　それは昭和二一年ぐらいですかね。僕はまだそのころは大連におったな。

板井　しばらく叔父の家にいましたが、そこも食料に困ってましたからね。それで、家を出ようと。当時、安くて飯を食わせてくれたのが、有斐学舎（熊本出身者の男子学生寮）だったんですね。

渡辺　で、しばらく東京で暮らしたんですか。

板井　はい。

渡辺　どのくらい。

板井　二、三年ですね。あの、多摩美術に行ったんですよ。

渡辺　じゃあ、途中でやめたんですか。

板井　はい。病気になって熊本に帰ったんです。

渡辺　それから海老原美術研究所に行ったんですね。エビ研にはどういうきっかけで入ったんですか。

板井　きっかけは、乙葉《おとは》統《とおる》先生でした。その方は玉屋通り（熊本市中央区新市街）で画材屋さんをやってらしたんです。

渡辺　で、あなたはそこに画材を買いに行ってらして、海老原さんもその店に出入りされていたんですね。ところで、作家の福島次郎さんは板井さんより一級上ですか。

板井　一緒です。同学年だと思いますよ。

渡辺　付き合いはありましたか。

板井　ありましたよ。中学時代じゃなくて、熊本に帰ってきてからですね。

渡辺　あれはいい男だったんだよね。あの人はね、年取るほど、小説がよくなったんですよ。

僕は大好きでした。

板井　身体も立派。

渡辺　身体って（笑）。やっぱり絵描きですね。でも、絵描きとか芸術家っていうのはたいていい自分が一番だと思って、ほかの人の作品をけなすんだよ。板井さんはそれが全然ないんだよ。あなたは人の悪口を全然言わない。自分の画風で自分の好きなように描いていればいいわけであってね。あなたは自分の絵と他人の絵を比較してどっちが上かとか思わないでしょ。

板井　思わない。

渡辺　ね、思わないんですよ。

板井　どっか、何か足りないんですよ。

渡辺　それは、自分を売り出そうというのが足りないんですよ。ずっと。それはいいことですよ。

板井　今、僕はまったく生きていないんですよ。まったく分からない。

渡辺　現代をということ？

板井　ええ。現代と申しますかね。今の世の中と申しますか。まったく過去の幽霊ですよ。

その日の直感なんです

渡辺　あなたにとって一番リアリティーがあるというのは昭和二〇年代？

板井　さようです。僕は戦後の新宿の闇市なんて、ぴったりなんですね。あのへんのリアリティーが頭の中に入って、渡辺さんの『逝きし世の面影』なんて、しみじみくるわけですね。

渡辺　戦後の前衛的な芸術運動というのがあった時代ですね。戦後に花田清輝（作家・文芸評論家）あたりが言っていた総合的な芸術運動みたいな理念があったんだけど、やっぱり板井さんは単なる絵描きじゃなくて、ずっとそういう雰囲気があるんだよね。ところで、板井さんの絵は、ギリシャ神話にあるような子どもを食らう母といったグロテスクな絵から、非常にきれいで端正な風景画まであるし、一方ではデモニッシュ（悪魔的な）だったり、サタイア（風刺的）だったりする。

板井　なんでもある。

渡辺　ははは。思いとか気持ちで変わるんですか。

板井　直感です。なんて言いますかね。直感と、その直感を感じたときのその周りとの、何でしょうね。板井の絵はどこから出てくるのかとよく言われるんですけど、分からないんですよ。どこから出てくるか。その日の朝起きたときの状態ですかね。白いキャンバスを眺めていると浮かんでくるものがあってそれを衝動的に描くんですが、別の日にはまた違うものが浮かんでくる。たくさんキャンバスを並べて、その日に描きたくなったキャンバスに描きたいものを描くんです。でも、完成したと思うと、ぶちこわしたくもなる。何をもって完成と言われても、僕にとっては完成も未完成も等価値なんですよ。

渡辺　ところで、板井さんは長くＲＫＫ（熊本放送）で働いていたんですよね。

板井　はい、さようです。

渡辺　その前は何で収入を得ていたんですか。

板井　映画館の看板をアルバイトで描いたこともありますね。

渡辺　ほうほう。映画館の看板ね。そうすると、ちゃんとしたお給料をもらう定職というのはＲＫＫが初めてですか。

板井　その前に朝日新聞の広告代理店にいましたね。暗い顔して遅刻ばっかりしてましたけど。

渡辺　そこでどんな仕事をしていたんですか。

板井　毎日、外回りの人たちが広告取ってきますでしょ。そのデザインを僕が描いていたんですよ。あのころの広告代理店は、朝日、毎日、西日本とかありましたけど、僕のが一番よかったそうです。でも、今日は僕はうれしいな。渡辺さんにちょっと、「僕は線が引けなくなりました」って弱音を吐いたんですよ。そしたら、ずっと気を付けていただいてね。
渡辺　だって、あなたみたいな人はいないですから。
板井　こんな妙な人間はいないですよ。
渡辺　いや、あなたは美しい人です。なかなかおらんですよ。
板井　渡辺さんとこういう話をしたのは初めてだな。うれしいな。
渡辺　ところで、最近の熊本の若い絵描きたちの絵はどうですか。あんまり見ていませんか。
板井　若いのに面白いのはいますけどね。でも、体質だけじゃダメなんですよね。やっぱりあの、文法が要りますよね。
渡辺　うんうん。板井さんはそこがしっかりしているんだよね。ところで、あなたは熊本のどこでお育ちになったんですか。
板井　「御殿跡」って言ってたとこです。熊本市南区の本山かな。ほら、『城下の人』（石光真《いしみつま》清《きよ》の手記）に出てくる大きな木があるでしょ。あの下あたりです。あの木には登って遊んでいたんです。
渡辺　そうですか。生粋の熊本人ですね。ところで板井さんは結局、熊本は好きだったんですか。
板井　いつか逃げよう、逃げようと思っていました。でも、逃げる先はどこもないんですよ。
渡辺　どうして逃げようと思ったんですか。

板井　あっはっは。嫌なんです。

渡辺　何が嫌なんですか。言ってくださいよ。

板井　こういうとこ、渡辺さんは怖いんですよ。

渡辺　もともと編集者だから、インタビュアーの癖が抜けないんですよ。何が嫌だったか言ってくださいよ。でも、板井さんいい顔になったな。いやあ、あなたは精神が若々しいですよ。いっちょん、垢《あか》がついていないですよ、昔のままの板井さん。

板井　渡辺さんは熊本に住んでいらっしゃるけど。国際人というよりも世界人というかな。渡辺さんは違うんですよ。何か大きいんですよ、柔らかくて大きいんですよ。とてもかなわない。かなおうとも思っていないけど。

渡辺　板井さんは何度もヨーロッパに行ったでしょ。

板井　何度もは行ってません。

渡辺　うっそお。

板井　そんなにお金があるわけないじゃないですか。ちょっと行って、想像で何度も行った気分になっているんですよ。

渡辺　僕は一度も行っていないんですよ。だけど、あなたのカルカッソンヌ（フランス南西部の都市）の絵は、相当ヨーロッパに入れ込んでいる感じがするんですよね。あなたが描いたサンタマリア・デル・フィオーレ大聖堂の絵をこの前、買いましたけど、あれはよかった。あなたの絵はとてもヨーロッパ的なんだよな。日本的な要素がないもん。

板井　でも、うちのじいさんはもともと侍なんですよ。「十年の役」（西南戦争）のときは佐々《さっさ》友房《ともふさ》の熊本隊に加わって逆賊になり、士族を剥奪されているんです。その後すぐに許されてますけど。

渡辺　肥後士族の正統なんですね。肥後士族の正統っていうと、真面目で勤直でというイメージなんだけど、あなたは全然違う。板井さん見ていると、非常にフリー（自由）だもんね。地方の文化人とか絵描きなんかは、その地方に縛られているんだけど、あなたは非常にフリーだし、何て言うかな、板井さんの絵というのは、一種の国際性というか、非常に開かれているんだよね。それが魅力なんだよね。だから、今の若い人に大いに通じるところがあると思うんだよ。板井さん、あなたは熊本の生きる文化財ですよ（笑）。

板井　どういうふうに思ったらいいのかな。

渡辺　要するに、世俗的な名誉は追わずに、絵というものを通じての一つの精神の運動がずっと板井さんの中にあったんだよね。戦争中に中学生だったでしょ。当時の中学生というのは教練教練で鍛えられてとても窮屈だったし、学徒動員にも行かれている。そうした戦争中の極限的な風景から、戦後いっぺんに解放されて、その瞬間、世界が見えたわけなんですよ。狭い日本から解放されて、広い世界が見えてきた、その青春の精神をずっと持ってきたお方じゃないかと僕は思うんだよね。一方で、非常に田舎臭いというか、熊本人臭いところがある。一方では、西洋人じゃないかみたいなね。そういうところで通じるんだろうな、僕は板井さんとは。

外国で暮らしているような……

板井　サイレント映画の時代のじいさんが、今のテクノの時代にいるわけですよ。よく生きてきたと思うね。

渡辺　その片方で、自分の戦後の芸術運動の理念というものをずっとやってこられてるわけでしょ。

板井　そのことと、自分の絵を描くことは裏腹になっているみたいなんですね。人間は生きていかなきゃいけないでしょ、それが希薄なんですよ、僕は。

渡辺　僕と同じだ。世の中を冷ややかに見て生きてきたわけだ。ははは。でも、あなたはRKKにちゃんと勤めたから偉いですよ。

板井　RKKで働いていたときも、いろんなことがデジタル化していって、もう僕はついていけなくなったんですよ。タクシーが走っているのに、人力車が走っているようなものでね。まったくの外国人。こっちが取り残されているんだよね。生きている化石というか、生きているミイラなんですね。渡辺さんは違うよ。

渡辺　板井さんはすっかり現代から浮き上がってますもんね。でも、絵はそういうことはなくて、現代的な要素が入っている。まあ、あなたにとっては、世俗というのはどうでもよかったんですよね。

板井　戦後の方がリアリティーがあるんです。だから僕はまったく死んだ人間なんです。今はまったく外国で暮らしているような感じです。生活環境がまったく変わったし、情報もあふれているでしょ。愚痴じゃありませんよ。僕は置き忘れなんです。漬物石のようなもんですかね。一九四五年のリアリティーで生きているんですよ。

渡辺　それは僕も一緒ですよ。やっぱりね、何もかも崩れてしまった後の一つの解放感ね、また新しく何か始まるというね、新しく始まるというのも錯覚であったのかもしれないけどね。あれはやっぱり経験しないと分からないよね。「3・11」というけど、戦中戦後の悲惨さとは比べものにならないよ。ところで、今の楽しみは何ですか。

板井　今、ここでこうやっていること(笑)。渡辺さんは僕と違う板井を創造してくださるんだよね。

渡辺　そんなことないよ。ありのままの板井さんをちゃんと見ています。あなたは世間に見せている板井榮雄と、自分の板井榮雄が、一緒なんですよ。ありのままの板井榮雄なんですよ。だから僕は尊敬しているんですよ。

板井　渡辺さんと僕は不思議な出会いなんですよね。

渡辺　板井さんとは、何か会をやったりとか、一緒に運動をやったりとかないでしょ。だから、いいんですよ、かえって。東京から昭和四〇年に引き揚げてきて雑誌を出すとき、当時の熊日総合美術展で大賞（熊日賞）を取った板井さんの作品を見て、いいなと思ったんですよ。叙情的なんだよな、あなたの作品は。それで、紹介してもらって『熊本風土記』の表紙絵を描いてもらって、それ以来の付き合いなんだよね。熊本を逃げたい理由をまだ聞いていないね。

板井　天国に逃げたかった。

渡辺　要は熊本に限らないいんだよね。どこにいてもそうなんだよね。熊本という土地が嫌だということではなくて。

板井　熊本が嫌だということじゃなくて、現実から逃げたいということかな。それはみんなが思っていることだと思いますよ。真上か真下に行きたいんですよね。

渡辺　板井さん、これからも楽しくやりましょう。僕は友だち少ないんですよ。だから元気にしててください。

板井　渡辺さんと抱き合いたいけど、笑う？　今日はよかったな。

渡辺　板井さん、春画を描きましょう！

板井　いいですねぇ（笑）。ピカソの晩年の心境がよく分かるんですよ、「おれはやがて死ぬ」ってね。まあ、あの方は別格の方ですからね。いやあ、今日は力を得ました。また始めます。昨年の島田美術館でやった個展で僕は出し尽くした感じでしたが、そうもいきませんね。

6

私がいいと思ったプロヴァンスを阿蘇につくった

——レストラン経営・田中啓子さん

田中啓子さんは子どものころから、地中海と山に挟まれ、絵画のような美しい風景が広がる南仏プロヴァンス地方に憧れ続けた。福岡市の時計宝飾店で夫信也さんと出会い、25歳のときに結婚。熊本にある夫の実家で義父母と同居し暮らしていたが、主婦から一転、1999年秋、南阿蘇外輪山中腹の森の一角を切り開き、プロヴァンスの雰囲気を丸ごと再現したレストラン「ボンジュール・プロヴァンス!」をオープンさせた。430坪の敷地には、四季折々の花やハーブが咲き乱れ、庭に面した広いテラスや窓、扉、壁などの至る所に田中さんのこだわりが感じられる。

プロヴァンスに憧れて

渡辺　去年でしたかね、京都の染織家の志村ふくみさんをお連れしたのは。そしたら「京都にもこんなお店ないわ」とおっしゃってたんですよ。京都といえば素敵なお店がたくさんあるわけですが、山の中にこんな山荘風の素敵なお店っていうのが京都にはないということだったと思うんですね。ところで、あなたは素人で始められたそうですね。

田中　そうですね。

渡辺　こういう店を作ろうと思って、実現するまでどのくらいかかったんですか。

田中　最初に作ろうと思ったのは、結婚して間もないころなんです。プロヴァンスの風景に憧れたのはもっと早くて子どものころです。そのころはその風景が南フランスということも知らなかったんですけどね。

渡辺　小さいときからプロヴァンスに憧れたというのはどういうことなの?

田中　とにかく何かの雑誌を見て憧れたんですよ。たぶん、南フランスのマルセイユとか、あのあたりの写真だったと思うんですが、それを見て、とにかく行きたくて、行きたくて。当時、一ドル三六〇円の時代で、一般庶民は海外旅行なんてできない時代でしたから、当然、私も海外に出られなくて、ただ、行きたいなと思っていたんです。

渡辺　あなたは熊本出身なの？

田中　いえ、福岡です。

渡辺　なるほど。それじゃあ、結婚してから熊本にいらっしゃったんですか。

田中　そうです。福岡で時計宝飾店に勤めていて、そこに主人が住み込みで熊本から修業にきたんです。

渡辺　それは職人さん？

田中　時計宝飾はそういう世界なんですよ。主人の熊本の実家も時計屋で、両親がやっていた店を継ぐ予定で、福岡に修業に来たんです。

渡辺　そこで知り合われて、結婚されたんですか。

田中　そうです。

渡辺　ご主人は時計屋をなさったの？

田中　はい。

渡辺　そこで主婦としてやっているうちにどうなったの。

田中　結婚するときに、一応、その夢は断ったんです。お嫁に行ったら、その家庭に従わなければならないし、海外旅行なんて夢のまた夢でしたから。一応、自分の中に閉じ込めたんですね。

渡辺　最初の段階での夢は海外旅行としてプロヴァンスに行くことだったんだね。

田中　そうですね。旅行というか、とにかく行きたかった。でも、一応それは胸に閉じ込めていたんですけど、やっぱりじわじわと出てくるんですね。それで、子育て中だったんですが、喫茶店みたいなのをやりたいなと思って、主人に融資も受けてもらうように、いろいろとお願いしたんですけど、ちょっと事情があってやめたんです。こんなお店をやりたいという夢はずっと結婚当初から持ってました。まあ、そのときは辞めてよかったんでしょうね、子育てもしてましたし。

渡辺　その後はどうなったの。

田中　どんどん子どもが成長するにつれて、お金がかかるじゃないですか。それと、主人がどうしても家を建てたいと言うもんですから。やっぱり「一軒家がほしい」というのは男の夢ですよね。建てたらローンも抱えることになって、とにかく自分の夢は置いといて、しのがないといけないので収入を得るために、とにかく働いて、働きましたね。

渡辺　働くって何をしたの。

田中　まずは画廊の仕事をしました。絵を売る仕事ですね。

渡辺　でもいきなり絵を売る仕事をするって言っても、そう簡単にできないんじゃない。

田中　いや、画商とは違うんですよ。画廊で雇われて営業をしたんです、

渡辺　熊本の画廊？

田中　もちろん、そうです。

渡辺　そのお金を稼いだのは夢のため？

田中　違います。生活費です。子どもが大きくなって大学に行くし、家のローンはあるでしょ。平成元年に家を建てて、そこに一〇年住みました。その間は、とにかく働きましたね。

渡辺　その間はご主人は時計店で働いていたの。

田中　いえ、主人はしばらく時計店をやったんですが、仕事もだんだん少なくなってきましたから、時計店は両親が細々とやって、主人は知り合いの会社に入って二五年近く勤めたかな。

渡辺　夫婦共働きだったんだね。そういう中で、こういう店をやろうと思ったのはいつごろ。

田中　憧れていたのがフランスあたりだ、地中海あたりだというのは分かっていたんです。フランスにとても興味を持って、普段からそういった本をいつも見てたんですね。高校生だった娘に本をプレゼントしてもらったんですが、それをずっと見てたときに「あっ、これだ」と思ったのが子どものときに見た風景だったんです。それから焦点がプロヴァンスになったんです。プロヴァンスはハーブの本場で、ハーブの育て方もその本で勉強したんですね。

渡辺　プロヴァンス料理というのは、どこに特色があるの？

田中　イタリアと近いんですけど、だいたいトマトを使うんです。もともとプロヴァンスというのはイタリアに占領された時期があって、非常にイタリアの文化が強いんですよ。

渡辺　おたくの料理はイタリアンに近いもんね。

田中　それからプロヴァンスではバタージャなくてオリーブオイルなんですよ。非常にイタリアに近い料理ですね。

渡辺　あなたはプロヴァンスにも行ったことがなかったんだけれども、プロヴァンスのことや料理も本で勉強したということね。だけどさ、単に憧れるということと、いざ店を出すということの間には、一つの飛躍があるよね。最初は本を読んで、プロヴァンスのことを勉強したり、料理を作ったり、ハーブを栽培したりして楽しんでいたわけでしょ。それが自然にお店につながっちゃったの？

田中　楽しむというより、それが自分にとっての修業だったんですね。働きながら絶対にしようと思っていましたから。場所も阿蘇に決まってたんです。

渡辺　決まってたって、自分で決めたの。

田中　決めた（笑）。

渡辺　要するに、阿蘇でプロヴァンス風の料理を出す店を作ろうというのは開店するどのぐらい前に決めたの。

田中　画廊の営業職というのはとても苦しかったんですね。それで、画廊にいた最後の二年ぐらいのころは阿蘇で絶対すると思ってました。その強い思いがなければ営業ができなかったんですよ。苦しくて、苦しくて、夢がないと。

渡辺　絵を売る商売は苦しかったの？

田中　私にとっては苦しかった。営業の仕事は初めてだったから。
渡辺　絵を買わせるのは大変だよね。
田中　まあ、営業はなんでも大変ですよね。

まずは家族を説得する

渡辺　店を出そうと決心して、実際に出すまで何年かかったわけ？
田中　実は資金がなかったんですよね。はっきりいって私一人ではできなかったです。まず主人を説得することから始めました。
渡辺　よくご主人は「うん」って言ったね。
田中　それを上手にやったんですよ。
渡辺　それはあなたの魅力をもってすれば(笑)。
田中　違うんですよ。主人はなかなか首を縦に振らなかったんです。今から二〇年前ぐらいにバブルが崩壊して、東京の中心部からだんだん地価も下がってきて、ちょうど熊本にも不況の波がやってきたころなんですね。抱えている家のローンが怖かったんです。ちょうどそのころ、残りが二五年ぐらいあったんですね。とてもそんなずっと七〇歳過ぎまで払っていく自信がなくて、ちょっと額面が大きかったから。まずは主人に「会社からボーナスが出なくなったり、倒産したりしたらどうする？」「ローンが返せなくなったりして大変になるよ」っていう話から始めて、「今なら建てて一〇年以内でまだ売れるから、一応、そこを売って借金をゼロにして、わずかなお金で小さくていいから、ここで何か始めようよ」っていう話をしたんですね。なかなか男の人は自分で建てたお城は手放したくないですからね。

渡辺　そうすると、思い立ってから五、六年でお店を作っちゃったわけ？

田中　いや、そこまでかかってないですね。

渡辺　三、四年ってとこ？

田中　はい。

渡辺　土地は事前に目を付けてたんだ。

田中　土地を見つけたのは、引っ越す一年ほど前なんですよ。

渡辺　どうやって見つけたの。

田中　もう絶対阿蘇でやるって思ってたから、絵を売る営業は、熊本全域を回るんですよ。じっと待っている仕事じゃなくて、官公庁を回るんです。その途中に阿蘇のどこがいいかなと思って回ってて、結果、一番開けていない、田舎っぽい久木野《くぎの》村がいいということになったんです。

渡辺　ここはもともと何だったの。

田中　山林です。松とか草や木がいっぱい繁ってました。

渡辺　じゃあ、持ち主がいたんだね。

田中　持ち主というか、不動産屋を通じて買ったんです。あるとき、「広いところはないですか」って聞いたら、「ここはまだ今から整地するところですが」と言って紹介してもらったんです。

渡辺　この付近は今はお店とかいくつかありますけど、当時はどうだったんですか。

田中　何もなかったですね。私は営業で回っていたころから、こういう店を求めていました。できればテラスで食事ができるような。その当時、熊本にはテラスで食事ができるようなお店がほぼなかったんです。プロヴァンスの特徴は、何が何でも広いテラスで食事なんですね。自分でそういうのをつくりたいという思いからだったんです。

渡辺　じゃあ、まずご主人の同意は得て、家は売った。そして、残ったのはささやかな資金でしょ。それだけじゃ建てられなかったでしょ。足りない分は借金したんですか。

田中　長男が土地を買ってくれたんです。だから、この土地は長男の名義なんです。長男は当時、会社に入ったばかりで二二歳だったんですが、ローンを組んでくれました。

渡辺　たいした息子だね！

田中　でも、なかなかローンが下りなかったんですよ。いくら会社に入ったとはいえ、そんな若い人にそれだけのローンを組むというのが前例がないと。なかなかＯＫが出なくて、あきらめかけていたら、たまたま主人が現役で仕事をしていましたから、「お父さんの名前だけでも出してください」と言われまして、それでＯＫが出たんです。息子はまだ延々と払い続けています。あと三年ぐらいで終わるらしいですけど(笑)。あとは私がためていたへそくりと、金融機関からもちょっと借りました。本当はゼロで始めたかったんですけどね。

設計も植栽計画も全部自分で

森に囲まれた四三〇坪の敷地には、四季折々の花やハーブが咲き乱れ、南仏を思わせる山小屋風の建物。庭に面した広いテラスや窓、扉、壁などの至る所に田中さんのこだわりが感じられる。

渡辺　この建物は、誰か建築家に依頼したんですか。あなたがだいたいのプランを書いて。

田中　だいたいじゃなくて、私が建物のプランを全部書いて、そのまま作ってくれました。ちょっと持ってきますね、そのときに書いたノートを。

渡辺　え？　あなたが全部プランを書いたの。

田中　この山小屋風の建物は住まいも兼ねているんですけど、植栽から資金繰りから全部自

分でプランを書きました。娘がプレゼントしてくれた本（『南仏プロヴァンスのハーブたち』）には
プロヴァンスの料理も載っているんですよ。

渡辺　え？　何？　もしかしてネタ本はこれ一冊？

田中　はい、そうです（笑）。正直言うと、私もここを始めるのは怖かったですよ。ですけど、
ええい、女は度胸だって感じだったんです。

渡辺　だけどさ、素人が設計したら、建築上のいろんな決まりとかあるから、とんとんとん
とはいかないでしょう。

田中　だから、「無理なところがあったら教えてください」と言ったら、「いや、大丈夫です。
その通り行きましょう」と言われまして。あまりにすんなりいったから、「え？　柱の位置と
か大丈夫ですか」と言ったら、「大丈夫です」と。

渡辺　う〜ん。素人の主婦が自分の夢を育てて店を持ったというわけじゃないんだな。その
間に画廊とかいろんなところで、女実業家としての経験をきちんと積んでいるんですね。

田中　ははは。あのですね、たぶんですけど、私が生まれ育った家は商売をやっていて、
商売のやり方というのが、私は生まれながらにあったんだと思います。

渡辺　事業を始める段取りとかは、画廊とかに勤めて営業をやったりして、経験を積んで、
さらに才能を発揮してできた話だね。ただの主婦が夢を持って実現して店を開いたという話
じゃないね、これは。

田中　でも、私が思うのは、いちずだったんです。とにかく誰が何と言おうとやるという強い思いがあったんです。さっきおっしゃった事業のうんぬんとかはなくて、とにかくいちずだったんです。

渡辺　じゃあ、誰でもできるということだ。

田中　そういうことです。でも、始めるまでが大変だったんです。

渡辺　だって、住むのはご主人も一緒でしょ。

田中　いや、最初は一人だったんです。ここが建つまでには大変なサバイバル生活もありました。

渡辺　ご主人はお勤めだったし、給料ももらわなきゃいけないしね。

田中　やっぱり、主人が勤めていないと、私も不安だったんです。分かります？　主人が現役で収入があるときに、私は冒険をしたかったんです（笑）。おりこうさんでしょ。

渡辺　それに、そんな親孝行の息子がいるとも限らんしね。

田中　私たちの世代にはまだ、自分の夢を誰彼言いふらすもんじゃない。黙ってかなえなさいよ、みたいなところがあったんですよね。ところが、私は言いふらしたんですよ。主人にも子ども三人にも、「お母さんはこうしたい、こうしたい」と楽しそうに言っていたと思うんですけど、だからみんな動いてくれたんですよ。だから、誰でもその気になれば、できるんです。

渡辺　ただし、やっぱり人間的なパワーが伴わないとね。でも、なんであなた一人でここに住み込んだの？

田中　うちには犬がいたんですね。もう家が売れちゃって、出なきゃいけなかったから、アパートに引っ越したんですけど、そこでは飼えなかった。でも、私は絶対に犬を手放したくなかった。それで、この建物が建つ間、主人がここに一坪の道具入れの小屋を作ってくれたんです。「家が建つまでの四カ月、そこに私が犬と暮らすから」って言ったんです。

渡辺　家が建つ間、小屋で暮らしたの。

田中　小屋で犬と私が二人で暮らして、週末、主人が遊びに来ていたんです。

渡辺　そうやって、建っていくのを見てたんだね。

田中　電気も来てなかったし、トイレも、水もない。川に洗濯に行ったり、茶碗を洗いに行ったりしてました。食べる物もままならないし、夜は真っ暗でしょ。日暮れとともに休んで、日が昇ったら目を覚ましてという生活をしていました。

渡辺　怖くなかった？

田中　怖くなかったです。夢がこんなに膨らんで、だんだん形になっていくのを毎日見られるんで、すっごくうれしかったです。

渡辺　建ってからすぐ開店したの。

田中　建ったのが七、八月だったかな。ちょうど一九九九年だったので、じゃあもう、九月九日にしようかと単純に決めました。

渡辺　オープンしたときは一人だったの。
田中　一人です。
渡辺　一人？　じゃあ、お客さん来たときに対応できないじゃない。
田中　だって、来ない予定ですもん（笑）。
渡辺　はっははは。
田中　だって、宣伝しないでって言いましたから。私、オープン当初の希望があったんです。自分自身も自信がなかったから、わーっと来られてもまずできない。だから、自然な形がいいと思って。たまたま前を通られた方がお茶でも飲んでくれたら、それで感激だったんです。で、待ってました、オープンの日に。朝九時にオープンしたら、山登りにいかれるようなご夫婦がこちらをずーっと見ながら登っていかれたんです。あの方たち帰りに寄ってくれないかなと思ったら、願いはかなうもんで、その一組が来てくれたんです。
渡辺　お食事を出したの？
田中　いいえ、お茶です。その方たちだけですから、初日はお茶だけでした。
渡辺　でも、食事となると、うちで家庭料理を出すことはいいんだけど、レストランとなったらば、きれいに出さないといけないし、そんなに待たせるわけにもいかないし、大変でしょ。しかも、初めてでしょ。
田中　だからですね、誰にも教えず、主人の周りの人にも口止めして。気付いてくれた方が来てくれるというのが希望だったんです。だって主人の収入があるから、最初はそうやっていこうと思っていたんです。だって、私もついていけないし、お客さんにも迷惑をかけるし。

渡辺　じゃあ、ぼちぼちいろいろと覚えていこうと思ったわけね。

田中　私も自信なかったし、一応、一カ月間だけテストコースで、お料理もなじみやすいのを作ったんです。カレーとか。その間に、試行錯誤でいろんな人の意見を聞いて、一カ月後にこの本に載っているプロヴァンス料理をやるつもりで始めました。

渡辺　そのときとメニューはあんまり変わってないんですか。

田中　お肉料理は変わっていません。ただ、フランスにも行きましたから、やっぱり作り方は変わりました。

渡辺　行ったの？　ついに。

田中　七、八年前かな。ここで収入があったので、自分で行くことができました。向こうの料理も食べて、多少お味の方は変わっていると思いますが。

友だちを作る暇もなかった

渡辺　最初は口コミだったようだけど、途中で広く宣伝かなんかしたんですか。

田中　いえ、自然に増えました。
渡辺　自然に増えたの！
田中　はい。いまだに広告は出しません。
渡辺　広告は出さないにしても、自分の人脈を使って広く案内したりとかさ。
田中　そういうのが私は駄目なんです。自然でいたいんです。とにかく、自然に知り合った方、気付いていただいた方に来てもらいたくて。
渡辺　非常にぜいたくな話だな。
田中　そうなんです。普通はこうはいかないですよね。
渡辺　最初のうちはご主人が働いてらっしゃったんですが、後では一緒にこちらにいらっしゃいましたよね。
田中　結局、主人の会社にもリストラの波がやってきまして、ここをオープンして半年ぐらいたったころ、「俺が今辞めたらどうなるか」という話を始めたんですよ。えーっと思って。「俺はずっと仕事をする」と言ってましたら、気楽だったんですけどね。当時、食べていけないことはなかったけど、貯蓄とかはできない状態でしたから、「食べることはできるよ」って言ったら、自主退社してきたんです。
渡辺　そのときはもう、それほどお客さんが来てたわけ？
田中　はい。

渡辺　何も宣伝しないで。通りかかった人が何だろうかと思って入ってきただけで？

田中　ははは。それと、やっぱり見つけるんですよ、雑誌とかテレビとか。

渡辺　なるほどね。じゃあ、あなたの昔からの友だちが来たりするの。

田中　来ません。

渡辺　どうして？　来そうなもんじゃない。

田中　友だちはあんまりいません。

渡辺　作らなかったの？　女性ってだいたい友だちがいそうじゃない。

田中　作らなかったというより、何か忙しくて、作る暇がなかったんです。それとですね、友だちができなかった理由は一〇〇円、五〇〇円が惜しかったんですよ。自分の夢をかなえるために。

渡辺　へえ。友だちができたら、喫茶店とかにいったりせんといかんというわけ。

田中　女性は友だち同士でレストランに行ったりするじゃないですか。そしたら、五〇〇円から一〇〇〇円かかるでしょ、どうしても。それが惜しかったんです。それで、何度も誘われたんですけど、私も行きたかったんですけど、でも、それをしないと貯める部分がなかったんですよ。そうやって、私はこつこつとやってきて、とうとう後からはお誘いがかからなくなった。寂しい感じがして、でも、今これをしたら夢がかなわなくなると思って。

渡辺　それじゃ、あなたの友だちとか親友がこの店に来ることはないわけね。

田中　そうですね。寂しい、先生(笑)。

渡辺　単刀直入に聞きますが、経営は成り立っているの？

田中　テレビに取り上げられた後のピーク時の売り上げはありませんが、どうにかなりたっています。うちはピークが速すぎたんですよ。もっと緩やかな山をぼつぼつと作っていきたかったんですけど、テレビのお話をお受けしたもんですから。今はピーク時のにぎわいが落ち着いて、フラットになったという感じです。

渡辺　何とかやっていける感じなんだね。おたくは、ガーデニングもそうだけど、建物も山小屋風の、壁にちょっとひびが入ってたりしてさ、そういうのがいいんだよね。

田中　最初からそれを狙ったんですよ。プロバンスの建物ってひびだらけなんですよ。

渡辺　窓もちょっとゆがんでたりね。隙間があったり(笑)。

田中　そうなんです(笑)。オープン当初のころ、お客さんが「建って何年ですか」「何十年ですか」って言われまして。だから、やったーと思いましたね。

渡辺　それから、料理もおいしいし、そうなると、これだけの店だから、もっと来ていいと思うんだけどね。

田中　でも、今がちょうどいいと思うんですよ。体力というのはだんだん落ちますから。

本場より私のプロヴァンスが一番

渡辺　ところでさ、あなたの目的はかなった。かなったんだが、人生というものは「こういうものを成し遂げたい」と思って、いざ成し遂げるとさ、こんなもんだったのかというのがよくあると思うんだけど、その点はどうかな。

田中　プロヴァンスに行ったたって話をしましたよね。行って帰ってきて、「あ〜私のプロヴァンスが一番いい」と思ったんです。また、そこで意欲が出たんですよ(笑)。

渡辺　あははは。本物のプロヴァンスより、阿蘇プロヴァンスの方がいいと。

田中　「ここが一番いい」って思ったんです。私がいいと言うだけで、ほかの人はどうか分かりませんけどね。だって長いこと、いろんなプロヴァンスの本を見ながら、自分の好きな空間だけをピックアップしてプールしているわけですよ。そして、設計、建設するときに、ここはここに使おう、この大好きなところはここに使おうって、全部好きな空間を作っちゃったわけなんですよ。だから好きなんですよ。

渡辺　建物だけじゃなくて、周りの空間もあるよね。全然、プロヴァンス的な風景じゃないよ。周りは。

田中　ですね。でも、プロヴァンスにもこんな阿蘇的な風景があるんですよ。こっちはソバ畑が広がってますけどね。最初、この辺りの土地を見たとき、「わぁ、プロヴァンスにそっくり」って思ったんです。

渡辺　あらためてだけど、建物を含めたここの空間が魅力的ですよね。中の部屋の空間もいいし、料理もおいしい。外のガーデンの雰囲気もいい。山荘風の建物で、まさにアルプスの山小屋というか、一つの民家のようなね。インテリアも含めて一つの魅力だと思いますね。そして、周りのいろんな花に囲まれている。このたたずまいは、ちょっとほかにないし、やっぱりいいですね。人間は世の中に貢献するために生まれてきたものじゃないけど、生まれてきた以上は、自分が世の中にお世話になっているわけだから、世の中に何らかのお返しをしないといけないようになっている。

あなたの場合は自分の夢をかなえるということが、まったく人のためじゃなくて、まさに自分の欲求を満たすというか、自分のためなんだけども、あなたのようにしっかりとした計画性を持って強烈に夢を実現することはなかなかできない。夢を現実化する計画性とかプロセスがたいていないんですよ。それがきっちりできるってことは、大したパワーなんですよね。能力でもある。その結果として、多くの人にほっとするひとときを提供しているというのは、大変えらいことですね。

田中　私がこういうところを求めていたんですよ。だから、きっとみんなもリラックスしてくれるかなと思って。こういうところがあったらいいなといつも思っていたんですね。

渡辺　こういう広々としてね、素朴さと繊細さが調和している空間はなかなかないと思いますね。でも、あんまり人が来てわいわい繁盛するようにならない方がいいな。適当にお客さんが入ってくれれば。

田中　そうですね。今は、その意味がすごくよく分かって。やっぱり、上り坂のときって、そういうことを全然気にしないときがある。でも、自分も年とってきて、そうするために実はもうテーブルが三つほどなくなっているんですよ。テーブルをなくせば、必然的にお客さんが入らないし、自分の体力にあった仕事ができますもんね。

渡辺　やはり自分が来たとき、満席で騒がしいとね。まあ、誰もいないのも寂しいけど、ほかに二組ぐらいお客さんがいて、そのぐらいがいい雰囲気ですよね。

田中　ところが、本当に極端なんですよ。ここは真冬は寂しい、寂しい。シーズンはわーっと来られるけど。

渡辺　いやあ、真冬もいいんだよ。僕はいつかね、一月二日に来たことがあるんだよ。そしたら、窓枠に雪が積もっているんだよ。素敵なのよ。ロシアに行ったような気分になる。ところで、あなた、身体の方はお元気ですか。

田中　一度、救急車で運ばれたことがあるんです。目まいがしてですね。検査の結果は何ともなかったんですが、ほどほどに仕事してくださいと言われまして。たぶん過労だったと思います。そのときに、夜の営業はやめたんです。だんだん少しずつペースを落としてます。

渡辺　ところで、お客さんはどんなところから来る人が多いの？

田中　福岡からが多いですね。佐賀、宮崎もいますね。空港が近いから関東、関西からもいらっしゃるんですよ。やっぱり口コミで広がりましたね。一番遠くて北海道の方がいらっしゃって、「北海道より寒いね」って言われました（笑）。北海道は暖房設備が充実していますからね。

渡辺　街中にあったら、もっと繁盛するだろうな。

田中　街中だったら、私は絶対にしません。だって、本当に最初はプロヴァンス料理も何もできなかったですから。ほかの料理をしたらとも言われたんですけど、私は別に料理の修業に行ったわけでもないし、ほかのみんながしていないものをしないと、ということでプロヴァンス料理をしたんです。さっきの本で勉強したぐらいですから、あんまりたくさんはしたくないんです。普通のレストランと違うところがたくさんあるとおっしゃったけど、それは私が主婦だったからだと思います。というのは、普通、この道一筋で修業された方は、いろいろ決まり事があるじゃないですか。この料理はこうだとか、私はそういう基本を知らないんです。でも、私はすべて最初からぶちこわしているんです。だから、ちゃんと修業を積んでこられたような方が見ると、びっくりするようなことがたくさんあるんだろうなと思いますね。

渡辺　今はもう借金は返してしまったの。

田中　もう返しました。借金がないというのが一番です。借金さえなければ、自分たちが食べてさえいければいいですから。

渡辺　ここは家賃がかかっていないからやれるんだな。息子さんが買ってくれたからな。家賃払っていたら大変だね。

田中　私、息子には頭上がらないんです。

渡辺　僕はここに来始めて一〇年以上になりますよね。ま、年に一、二回しか来ないけどね。じゃあ、振り返ってさ、我が人生に悔いなし？

田中　そうですね。

渡辺　アメリカ映画にあったじゃない。『我が人生に悔いなし』って。

田中　ありましたね。見てませんけど（笑）。プロヴァンスも行かせてもらいましたし、悔いはありませんが、もうちょっと頑張りましょうかね（笑）。

渡辺　あなたは自分の夢をかなえたこの店に殉じるつもりなんだ。ほかには何も求めない。

田中　そうですね。

渡辺　この店があって、料理を作って、お客さんがおいしいと言ってくれて、それでいいと。

田中　それでいいです（笑）。

7

喫茶「カリガリ」は熊本の文化人のたまり場

——元店主の磯あけみさん

変わりゆく熊本の中心街の片隅で、独特の存在感を漂わせながら、2014年3月まで営業していた喫茶「カリガリ」。店は1971年に水俣病闘争支援の拠点として始った。2013年亡くなった店主松浦豊敏さん（享年87歳）とともに、店を切り盛りしてきたのが妻の磯あけみさん。小説家でもあった松浦さんと石牟礼道子さんと渡辺の3人が73年店を拠点に文学季刊誌『暗河』を創刊。店に集っていた若者たちも音楽ライブや映画の上映会を企画し、「カリガリ」は文化発信の拠点にもなっていく。

生きた言葉話す人集い、磁力あった

渡辺　だいたいこの対談の「気になるひと」っていうのは、この人はどういう人かなって思う人なんだけど、あなたのことは昔から知っているもんね。
磯　あははは。どうぞお手柔らかに。
渡辺　昔は昼の喫茶が松浦さんで、夜の飲み屋があなただったんだよね。夜だけにしたのはいつぐらいからですか。
磯　カリガリの前に九州電力がありましたけど、それがなくなってからです。前は九電の社員の人たちが毎日のように来てくれて、九電の食堂みたいになっていたんです。その人たちがいなくなってからやめたんです。
渡辺　そうすると、長いね。ずいぶん。
磯　夜だけになったのは、ここ十数年ですね。
渡辺　あなたは栃木県の生まれね。栃木のどこ？
磯　那須烏山市です。
渡辺　それは宇都宮に近いんですか。

磯　車で今四〇、五〇分です。

渡辺　お父さんは何をなさっていたの。

磯　公務員です。役場に勤めていました。最初は村役場でしたけど。

渡辺　お母さんが亡くなったのはいつ。

磯　私が一五歳のときで、中学三年生のときです。

渡辺　で、お父さんが再婚なさったから、まあ、ちょっと寂しかったという話なんだね。

磯　あはははは。まあ。

渡辺　それで熊本にお出でになったのは一九七一年の何月？

磯　八月でした。

渡辺　で、店を開いたのは。

磯　一〇月です。

渡辺　じゃあ、準備期間が二カ月ぐらいあったんだね。

料亭の話から始まったんだ

六九年に水俣病患者らを支える「水俣病を告発する会」が発足。東京で労働争議をしていた松浦さんは帰郷し、水俣病闘争の行動隊長として迎えられる。その活動拠点として開店したのが「カリガリ」だった。

渡辺　実はね、松浦さんが熊本に帰ってきたのは、「告発する会」が松浦さんの力を借りたいと思って頼んで帰ってきてもらったという説があるけど、そうじゃないんだよ。あなたは知っているかどうか知らないけど、松浦さんが熊本に帰ってくるっていう話は最初、料亭をするっていう話から始まったんだよ。

磯　そうですか（笑）。

渡辺　要するに松浦さんも労働組合をずっとやってきて、そろそろ引き時かって思ったんじゃないですか。そのとき、谷川健一さん（水俣出身の民俗学者）が料亭をやれって吹き込んだんだよ。松浦さんは同郷で先輩の高浜幸敏さん（元県伝統工芸館長）と相談しながら料亭をやるつもりで場所も江津湖のそばとか考えていたんだけど、肝心な資金の話になってね、二人は言い出しっぺの健一さんがお金を出すだろうと思っていたんだよ。でも、健一さんが「おれは金なんかないよ」って言ったから、その話はぽしゃったわけなんですよ。その話の続きとして、カリガリの話が始まった。松浦さんが帰ってくる気持ちがあるなら、スナックみたいなものを開いて「告発する会」の本拠にしたらいいなという話に変わったんですよ。そこまでは知らなかった？

磯　そこまで詳しくは知りませんでした。
渡辺　そして、あなたは松浦さんと二人で熊本に来たわけなんだね。
磯　店をやるから手伝わないかと言われて。
渡辺　そのときは、もう恋人だったんでしょ。
磯　まあね（笑）。
渡辺　でも、あなた最初に熊本に来たとき、どんなつもりだったの。
磯　面白そうだから、二、三年何かやってみようかなと思っていましたね。
渡辺　でも、二、三年で店辞めるわけじゃないし。別れるわけでもないしさ。
磯　いや、そのときは分からなかったですね。別れるかもしれないし。二、三年もつだろうかと思っていた。私自身も、熊本ってあまり知らなかったしですね。

最後までページをめくり続けた

七三年の水俣病一次訴訟地裁判決やチッソとの直接交渉時など、店には多様な支援者が集まり、熱い議論を交わした。マスコミも押し寄せ、店内はいつも熱気にあふれていた。

渡辺　じゃあ、長続きしたのはどうして。

磯　カリガリに来る人たちが面白い人たちが多かったからですかね。渡辺さんを含めてですね（笑）。

渡辺　告発する会はいろんな年齢層を含んでいたんだけど、ちょうどあなたたちの年齢の人たちもいたよね。彼らがいたっていうのも大きかった？

磯　それもそうですけど、患者の人もくるし、とにかく知らないジャンルの人たちがいっぱいいて、これだけバラエティーに富んだ人たちが一堂に会するのをあんまり見たことがなかった。みんな水俣病のことばっかりしゃべっているでしょ。私は水俣病のことを詳しくは知らなかったし、物珍しかったですね。

渡辺　「告発する会」が、水俣病にかかわりのあるグループというのは知っていたんでしょ。実際、あそこで会議なんかもやっていたわけだし、あなた自身の水俣病闘争とのかかわりというのはどうなの。

磯　う〜ん、私は水俣病闘争に対しては、あんまり……。会議やデモにも出ていないし、私は店で留守番ばかりしていましたから。

渡辺　カリガリの営業は四二年半だったかな。一つの店としては相当長いと思うんだよね。喫茶店でも飲み屋でも四〇年間続いたという店はそうない。あなた自身、気持ちが切れることなくやってこれたのはどうしてかな。

磯　時々、切れてましたよ。辞めたいと思ったことは何度もありました。

渡辺　へえ。それはきついから？

磯　なんか、私は時々、めんどくさくなるんですよ。いろんなことが。

渡辺　そりゃあ、人間は誰でもそうだ。

磯　店を続けてきたのは、あんまり積極的な前向きな姿勢じゃなくて、昨日の続きだったの。ずっと。

渡辺　だけど、嫌気がさせばやめるよね。

磯　そうですね、本当につまんなかったらやめていますよね。楽しかったんですよね、きっと。

渡辺　いろんな人が来るし、結局、人に会うのが好きなのかな。

磯　ただ、私、ここ三カ月間引きこもって、家にいましたしね。自分からは全然外に出ていくことはなかったんですよね。

渡辺　そりゃ、くたびれたんだろ。

磯　一つはくたびれたからだけど、一人でいることはあまり苦じゃないんですよ。

渡辺　そうなの。

磯　人に会うのも苦じゃないんだけども、一人でいるのも苦じゃないんですよ。

渡辺　じゃあ、四二年半やれたのは、松浦さんへの愛でもあったわけだ。好きな男と二人でお店をやってるからね。

磯　違う、違う。私は小説を読み始めると、最後まで読まないと気が済まないんですよ。例えば、松浦のことにしても、カリガリのことにしても、最後までページをめくり続けたというか。

母を早く亡くし老成してたんです

渡辺　そこで思うんだけど、あなたはさ、あったかい人だと思うんだけど、一面ではクールなところがある。これは生まれつきかな。それともカリガリでもまれたから。

磯　いや、生まれつきでしょうね。きっと。というか、早くに母を亡くしたというのがありますね。

渡辺　なるほどね。で、お父さんはすぐに再婚しちゃったの。

磯　それはしょうがないんですけど。母が死んだときに、世の中には泣こうがわめこうがどうにもならないことがあるっていうのが骨身に染みたんですよ。だから私、ある意味で老成してたんですよ（笑）。

渡辺　それは一つのあなたの原点だね。だから、度胸がいいんだよね。そして女の人は自分の感情を表に出しがちだけど、あなたはそういうのがないね。セーブするというか、コントロールするというか。

磯　そうですか。自分ではそうは思わないですけど。

渡辺　女の人ってさ、すぐ仲良くなってさ、そしてすぐあんな人だって思わなかったってなるじゃない。

磯　私、あれが不思議なんですよ。

渡辺　だからクールなんだよ。

磯　あの人に裏切られたとか言って泣いたりするでしょ。あれが不思議でしょうがないの。

渡辺　そういうのはもともとそうだったの。

磯　子どものときからそうだったと思う。私ね、高校生のときに、同級生がほんのささいなことで一喜一憂して、大騒ぎするのを見て、不思議でしょうがなかった。なんで自分の感情と身体がぺたっとくっついて、身体と心の間に隙間がないのかと思ってた。私は少し隙間があるんですよ。

渡辺　自分を客観的に見れるんだね。男にもそれができるのは少ないんだよ。自分を突き放して、客観化して自分のことを笑うというか、それができるのはそういない。じゃあ、カリガリで鍛えられたことはあまりないんだ。

磯　渡辺さんに鍛えられました(笑)。

渡辺　うそ言いなさい。僕はあなたをしっかり可愛がってたでしょ。だから、松浦さんにらまれてね(笑)。ところで、あなたが熊本に来たばっかりのとき、石牟礼道子さんが「磯さんはニヒリズム(虚無主義)が深い」と言っていた。二三歳のあなたのことをね。ある程度、人生を見切ったところがあるってね。あなたが一つよかったのは、水俣病闘争自体にはあまりかかわってないことだと思うんだよ。会議やデモにも参加していないし、それがよかったのかな。どう思う。あまり思想性がないんじゃない。

磯　そうですね。思想性もないですね。ただ、私は寄る辺なかったんですよ。

渡辺　政治思想なんてそんなものさ。

いろんな人が来たね

小説家でもあった松浦さんと渡辺さん、作家として駆け出しだった石牟礼道子さんの三人が七三年秋、店を拠点に文学季刊誌『暗河《くらごう》』を創刊。石牟礼さんは時折、テーブル席で執筆していたという。店に集っていた若者たちも音楽ライブや映画の上映会を企画し、「カリガリ」は文化発信の拠点にもなっていく。

渡辺　最初は「告発する会」のメンバーがほとんどで、『暗河』が発刊されてからは、告発以外の人たちもくるようになった。『暗河』が出なくなってからも、いろんなグループが来るようになったわけでしょ。文化的な、芸術的なことをやりたいというグループも来ましたね。

磯　そうですね。ガウディ展をやったり、アパルトヘイト否《ノン》！展をやったりね。浅川マキさんや北川フラムさんも来たり、なんだかんだやりましたね。

渡辺　あなた自身、そういうふうなカリガリを中心とした文化的な運動に関心があったの？

磯　積極的ではなかったですね。言われれば手伝ったという感じです。

渡辺　でも、あなたは俳句をやられるでしょ。

磯　私、俳句を読むのが好きだったんですよ。実際に俳句を始めて、まだ一〇年ちょっとです。岩岡中正さんの「阿蘇」に入りました。

渡辺　おれと全然違うね。俺は俳句は分かんないんだよ。

磯　母は本をよく読む人だったんです。戦争で東京の家を焼かれてしまって、疎開するときに、母はいっぱい本を持ってきたそうです。夏になると、その本を虫干ししていたんですが、小学生のとき、私はそれを読んでて、芭蕉の句を見付けたんですよ。「行く春や鳥啼き魚の目は泪」という俳句がとても不思議で、母に「魚は水の中にいるのに、なんで涙をこぼしているって分かるの」って聞いた覚えがあります。とっても不思議だったんですよ。俳句の初体験がそれです。母はトルストイとかも読む人で、そういうのもパラパラ読んでいました。教科書に載っていた俳句なんかも好きだったですね。

渡辺　有名な俳人の黒田杏子《ももこ》さんが、あなたの大叔母になるんだね。黒田さんが有名な俳人だったというのは、早くから知っていたの。

磯　そんなに早くは知らなかったです。私が知っていたのは旧姓の斉藤杏子さんでしたから。

渡辺　黒田さんの句会にも入ったんでしょ。

磯　はい、最近。谷川健一さんのお別れ会にお誘いがあって行ったんですけど、そこで黒田さんに何十年ぶりぐらいに会いました。それがきっかけでした。

渡辺　あなたは、健一さんとはそんなに親しかったの。

磯　カリガリにもしょっちゅういらっしゃってたし、松浦が店に出られなくなった後は、熊本に来るたびによく我が家にいらしてました。

渡辺　そうか、一緒に雑誌を出していたもんね。『物質』っていう雑誌を。

磯　そうです。松浦にとって、高浜幸敏さんと、谷川健一さんは一番古い友だちでした。松浦が亡くなる二、三年前まで、うちに寄ってくれて。本当にいつも気にかけてくれて、しょっちゅう電話をしてきてくれてたんです。

渡辺　しかし、あなたには小さいときから文学の感受性があったんだね。『暗河』の雑誌が出始めてから、自分でも書きたいと思わなかったの？

磯　思わなかったです。だって、おっかなかったもん。みんな恐ろしげな感じがして。

渡辺　いやあ、やっている人間は恐ろしくないよ。ガキみたいなのばっかりで。

磯　おそろしかったですよ。

渡辺　そりゃあ、「告発する会」のメンバーがおそろしかったんじゃない。あなたのご主人自体が文学者、詩人でもあり、後では小説を書かれてるし。ご主人の作品はどう思ってたの？

磯　松浦のね、最初のころに書いた南島の話が好きでしたね。喜界島とか奄美のことを書いたものです。

渡辺　あの人は文章が地味ではあるけど、イメージの喚起力がある人だったのね。美文じゃないんだよ、凝っているとか。むしろ地味な文章だったけど、イメージの喚起力がものすごく強い文章を書く人だったんだよね。あれが文学者として一番の優れていたところだと思う。もっとたくさん書くとよかった人なんだけどね。でも、一方で松浦さんは兵隊にも行った人で、ニヒリズム的なとこがあって、あんまり自分の仕事に執着がなかったんじゃない。

磯　そうですね。

渡辺　俺が書くものなんかって思ってた気がする。後に残そうとか、もっと書こうとか、そういう思いはなかったんじゃないの。

磯　何しろ書いたのは片っ端から捨てていましたからね。

渡辺　ただ、勤勉な人じゃあったね。昼間、客が来ないときは、いつも何か書いていましたからね。でも、カリガリには、いろんな人が来たんだよね。

磯　有名な人もいらっしゃいましたが、普通の人でも割と変な人が多かったんですよ（笑）。人ってよく見ると、みんなどこか変ですよね。カリガリに来る人は、なんか変なところの偏差値が高かったですね。

渡辺　水俣病関係でいってもいろいろ来たでしょう。

磯　原田正純さんがいろんな方を連れてこられましたね。例えば宇井純さんとか、色川大吉さんとか。でも、その人たちとはあんまり深く話をしていないので。だいたい、有名な人は渡辺さんが連れてきたんですよ。

渡辺　そんなことはないよ。

磯　谷川雁さんも面白かったな。なんとお呼びしたらいいですかってきいたら、「雁でいいんだよ、雁で」とおっしゃって。

石牟礼さんが作るカレー

渡辺　特に印象に残っている人っている。

磯　う〜ん。それは渡辺さんとか、石牟礼さんとか（笑）。

渡辺　そういえば、石牟礼さんがカリガリで出すカレーの試作を作ったよね。でっかいすね肉なんかが入っててさ、ジャガイモの大きいのがデンと入っていて、あんなカレーを出したら、一杯一〇〇〇円ぐらいもらわないと元は取れない感じで、結局店には出せなかったよね。

磯　店用に買ったずんどう鍋と立派な調理器具で石牟礼さん指導の下、作りました。すごくおいしいカレーができたんですけど、まあ、材料費がすごかった。手間もかかったし。でも、すごくおいしかった。石牟礼さんは熊本に仕事場ができるまでは我が家に泊まってましたし、カリガリでも原稿を書いていましたね。渡辺さんの思い出もたくさんあるんですけど（笑）。

渡辺　昔、借金した話をしたいんだろ。返したもんな。

磯　はい、熊日文学賞の賞金で。カリガリで誰かとケンカして、「表へ出ろ」なんて忙しかったですよね（笑）。

渡辺　「表へ出ろ」なんて言ってないですよ。ケンカしたのは一回だけですよ。

磯　渡辺さん、けんかっ早かったですよね。

渡辺　体力がないから先制攻撃ですよ。パールハーバー並みの奇襲でした。

磯　いや、もう一回あった。

渡辺　いやないよ。おとなしいものでしたよ。

磯　一回じゃないって（笑）。

渡辺　とにかくね、みんな集まっていたやつが親子兄弟、家族みたいでしたね。でも、昔は俺も金がなかったから、松浦さんにはいろいろ短期融資してもらったな。

磯　結構、うちを短期金融に使ってる人が多かったですよ。

渡辺　ある学生はおたくで一年間、食事をして全部ツケてたんでしょ。後で払ったの？

磯　だいぶん、時間をかけて返してくれました。彼は七〇円とか一〇円とかツケるんですよ。後で伝票を見ると、七〇円って何だろうって思うと、タバコ代なんです。当時はハイライトが七〇円でしたからね。一〇円というのは電話代。一〇円もなかったんですよね。

渡辺　そいつは家からの仕送りがなくなったから、苦労していたんだよ。

磯　何も食べずに、水だけ飲んで、電話代の一〇円とタバコ代をツケてった人もいました（笑）。今はそういう店ないですよね。

渡辺　水俣病闘争を一緒にやってて、仲間内だったからですね。石牟礼さんもあのころが一番面白かったんじゃないかな。それから、集まっていた若い連中で『街』ってタウン誌をつくったんだよね。今でも覚えているけど、広告取りの営業に回るやつに、ブレザーとズボンを買ってやったんだ。

磯　結構、広告を集めてましたよね。

渡辺　そう、五号ぐらいまで作ったんだよ。とにかく飯を食えない若い連中がいたから、食費を稼ぐためにね。

磯　昔はみんな暇はあったけど、お金はなかったですからね。

渡辺　あいつらにとっては、二度と忘れられない青春だよね。あんな破天荒なね、面白いことはもうないだろうね。

磯　昔の学生はコーヒー一杯で何時間もいて、砂糖とミルクを置いているでしょ、すると水に混ぜて飲んでいたんですよ。だから、ミルクや砂糖もどんどんなくなってくんですよ。

渡辺　しかし、あのころいた学生は、みんな出世しちゃったな（笑）。

磯　カリガリに来ると、出世するのかもしれませんね（笑）。

渡辺　「カリガリ」の時代っていうとさ、ひと言で言うなら、一九七〇年代の学園闘争、反公害闘争、水俣病闘争ね、それがだんだん終息して、ポストモダンの時代になってさ、やはり過去に自分たちが追求した目標とは何だったのかということが分からなくなって、現代になっていく一つの時代だったな。

磯　当時、寄る辺ない人がいっぱいいましたね。カリガリは、寄る辺なさを抱えた人が集まる場所でもあったんですよ。私自身も寄る辺なかった。あの店には、渡辺さんとか、石牟礼さんとか、生きた言葉を話す大人たちがいて、その人たちが発する磁力にひかれて、多くの若者たちが集まってきていたと思うんですよ。

渡辺　最近は世代を超えて集まる店が少なくなったね。

磯　大人に魅力がなくなったのかもしれませんね。

全然先を考えてなくて

磯　渡辺さんが私が最初に熊本に来たときの印象を「虚無的」とか言ったでしょ。

渡辺　それは石牟礼さんが言ったんだよ。

磯　でも、確かにそうだったんですよ、あのころは。全然先のことを考えなくて、今日のことだけで、明日はどうなるのだろうと全然考えもしなくて生きてきたんですよね。それなのに、こんなに長いこと店をして、みなさんとこんなに長いこと付き合って。松浦が昔、「俺は日向の労働組合の人たちとは死ぬまで付き合う」って言ったときに、私はとても不思議でね。私は死ぬまで人と付き合うとか考えられなかった。私は自信がなかったですね、そんなふうに人と付き合うっていうことが。そういうことを考える人がいるんだと思った。それが、今、私、熊本でこのまま死んじゃうのかなって思うんですよ。

渡辺　故郷に帰ろうと思っているの?

磯　そういうわけじゃないんです。でも、店を辞めることになってから、「どうするの?磯さん、帰らないの?」って、熊本の人ってずっと聞くんですよね。

渡辺　熊本ってところが土着性が強いところだからね、いろんな流れものが来て一緒に暮らしていているような場所ではないからね。

磯　だから、熊本の人は年取ったら、生まれたところに帰るんでしょうね。

渡辺　あなたは自然体で、非常にナチュラルだと思うんだよね。まあ、住むところはどこでもいいっていうことなんだよね。

磯　ん〜、でも今、楽っちゃ楽ですよね。新しいところに住むのは大変ですよね。

渡辺　そうだよ、新しい知り合いをつくらないといけないしね。

磯　いやあ、知り合いはつくらなくていいんですよ。

渡辺　一人でいいの。

磯　うん。一人で平気ですもん。

渡辺　娘さんがそばにいてほしいとは思わない？

磯　思わない。たぶん、そばにいたらけんかするでしょ。

渡辺　一人でいいってこと？

磯　一人も悪くないなと思っていますね。

渡辺　じゃあ、句境が深まるな(笑)。ところでさ、熊本にはなじんだの。

磯　なじみました。でも、私ね、まだ若いころ、松浦さんと大げんかして、東京に戻ろうと思ったこともあるんですよ。いろいろ片付けるために一回熊本に戻ったときに、熊本空港からバスに乗っていたら、秋のとても天気のいい日だったんですよ。窓の外を見ていたら、道端でおじいさんが、誰はばかることなく大あくびをしていたんです。のど奥まで見えるような。それが気に入って、やっぱり熊本っていいなと思った。道端で大あくびをできるようなね(笑)。

渡辺　でも、またこれから新しい人生が始まるわけなんだけど、あなたは熊本で四〇年間暮らしていたのに、カリガリでずっと働いていたから、熊本をあんまりよく知らんのだ。

磯　私はあそこにいただけですから。

渡辺　そうすると、これから熊本を知るわけだ。

磯　だから、今は外に出て新鮮ですね。でも、熊本の人はものすごく熊本が好きですよね。熊本のどこがいいか、どこがいいかってよく聞かれるの。

渡辺　どこがいいか、言わせたいわけね(笑)。それを了見が狭いなと思ったの？

磯　いいえ、いいなと思いました。

渡辺　まだ熊本人になりきっていないんだ。

磯　ならしてくれないんですよ。自分はなりたくても、なれない。

渡辺　カリガリに来るお客さんは違うでしょ。

磯　いや、カリガリに来るお客さんでも、店を閉めた後に、「あなたは帰らないの」と聞くでしょ。それは私を熊本人だと思っていないんだなと思うわけですよ。

渡辺　それはね。そうじゃないんじゃない。それは逆で、いてほしいと思うからだと思うよ。

だけどね、熊本も昔と比べるなら、ずいぶん風通しがよくなりましたよ。昔はもっと閉鎖的でね。僕なんかも、自分自身の生き方、やり方のせいだけど、あいつは熊本の人間じゃないって思われていたの。最近はそういうことは、あまり意識しなくなってね。

ただ、我が町という郷土意識が薄れていくのもね……。そういった意識がだんだんなくなっている今からすると、俺の街って強く思う気持ちも大事なことなんじゃないかな。熊本の街もこれからどんどん変わっていくんでしょうけどね、やはり、熊本の街にいい喫茶店や飲み屋があるってことが非常に大事だから、磯さん頑張ってよ。あと一〇年ぐらい頑張れるよ。あんまり食い物を出さない店にしたらいい。出前を取ったりね、簡単なつまみとかね。そういう場があったもん、昔は。手の込んだ物は一切つくらずに純粋な飲み屋。そういう場を提供してほしいんだよ。午後はカフェをして、夜一〇時には閉めてね。ジジイになると、あんまり遅くまでは飲まないし。家賃の安いところで、あんまり広くなくてね。

磯　やっぱり、渡辺さん、旗振り役なんですよね。旗を振る人。

渡辺　違う、僕は参謀なのよ。作戦参謀なんです、常に。

僕は思想にとりつかれた人間

磯　でも、渡辺さん途中からしばらく店に来なくなりましたよね。

渡辺　それはね、僕は「告発する会」から『暗河』の流れの中の、左翼性というものに対して、根本的な批判を持っていたの。左翼的な運動に対する僕自身の決別の表現だったわけ。だれかとけんかしたわけじゃない。

磯　水俣病闘争を含めてですか。

渡辺　そうです。やはり、そういう思想的な問題として、僕自身が、ある一つの態度を取っただけの話でね。

磯　渡辺さんはそういう意味では潔癖というか。

渡辺　潔癖なんじゃなくて、僕は思想にとりつかれている人間なんですよ。思想にとりつかれているということは、自分の課題があって、こうすべきだというのがあるんですよ。で、そこで違うとね、一緒にはやらないよということになる。だけど、今となっては、思想というのもいろいろ考えてみたってね、一つの幻のようなものに過ぎないし、それよりも、人間が大事だと思ってきているんですよ。

ただ、若いころ、思想めかしたことを言ったやつは、最後まで責任を取ってほしいとも思っている。例えば、孔子という人がいるでしょ。孔子は自分の道というものを求めて、若い人たちも入れてある種の教団みたいなものを作るわけなんだけど、途中で辞めちゃう人もいるわけだ。そういう弟子の一人が久しぶりに孔子と会って、「自分は愚かな人間で先生に付いていくことができなかった。でも、先生から若いときに教えてもらったことは大事には思っておりますす」と言うんだけど、孔子は「汝中道にして廃せり」と言うわけだ。つまり、おまえは若いときに持った課題を途中で辞めただけだと。厳しいよ、これは。でも、僕もこう言いたい気持ちがあってね。若いときにいっぱしのことを言った連中にはずっと追求してもらいたいという思いがずっと半ばあるんだ。僕はやっぱり、根本的におかしいんですよ。こんな変な人間は迷惑なんですよ。こういう人間が一番、世の中に騒動を起こすんだ。中国人は知恵があるからこう言うんですよ、善人ほど恐ろしいやつはいないって。

磯　私も本当にそう思います。

渡辺　だから、僕は自分の中にある善人性を追求していきたいとは思うんだけど、これが迷惑なんですよ。世の中で大騒動を引き起こして困ったことをしでかすのは、みんな善人だっていうんだよ。これは林語堂（中国の文学者）の言っていることなんだけど、その通りだと思う。人生というのはね、朝起きて一杯の粥を食べるのにつきるんだって。人生というのはこれだけのことだって。

人間は年取ってから、やっぱり美しくなってほしいね。そういう姿を見たいと思っている。そのためにも、自分もそうあらねばならないんだけどね。それで、僕は一種の文化運動みたいなことをやってきた男だから、熊本でも面白いことをやっている人たちがいるから、そういう人たちがもっと交流できるような場をつくるといいんじゃないかな、これからはそういうことに少しは役に立とうかなと思っている。

磯　やっぱり、渡辺さん、旗を振る人。

渡辺　僕は自分が頭になるのは向かないって分かっているから、必ず参謀役なんです。でもさ、いろいろカリガリでやってきて縁を結んだ連中がいるんだから、一緒にやってきた人間が、もういっぺん、自分の人生を顧みて良い晩年をともに過ごそうという気持ちになってくれたらいいんだよ。そういう世界を、また作るといいと思う。人間、長生きになっているしね、そこに若い人たちも来てくれればいいしね。熊本もいろいろやっている人たちがいるんだけどね、てんでんバラバラにやっているから、そういう人たちがふらっと立ち寄って交流するような場がほしいんだよね。本当にそういう店が少なくなってきている。

磯　そうですよね。

渡辺　要するに人間はある一つの楽しみを持つことと、人との交わりの中でいろいろ経験してきたことを踏まえた上で最後にいい交わりを実現すること、それしかないんだよ。僕にとっては本を読むことが楽しみだから、文章を書いたりするのも楽しみだから、それと自分の友だち、最後のいい交わりの中で自分の一生を終えられたらいいと思っている。ただ、人間の交わりっていうのは難しいんだよね。男ってどうしても大将をやりたいっていう感じがあるんですよね。

磯　ほんとですよね。

渡辺　人間にはけちな了見があるんだよ。自分のグループだけつくって、他のやつとは気風が合わないとかね。人間として一番大事なのは、人を裏切らないことで、一番いけないのは自分が有名になりたい、名誉を求めること。自分の子分を増やしたいなんて思うのが一番いけない。

磯　男の人は多いですよ。

渡辺　だから、そういうのを乗り越えていくような交わりじゃないとね。人間というのはやっぱり、お互いに許し合うしかない。自分が素直になれば、相手も素直になるのかもしれない。相手が嫌な面を見せてくるってことは、こっちが嫌な面が出るように仕向けているのかもしれないしね。

貧しさの良さ、豊かさの良さ

ある常連客が「文化とジャーナリズムの坩堝《るつぼ》」みたいな店と評したカリガリ。二〇一四年三月のお別れの会には、作家や画家、詩人、陶芸家、マスコミなど全国から二〇〇人以上が集まり、閉店を惜しんだ。こうした濃密な交わりの「場」は街から次々と消えていくのか。

磯　でも、最近では、「カリガリは敷居が高い」って言われて、若い人たちが少なくなっていました。おっかない人たちがいたからですかね（笑）。

渡辺　店を始めたころから時代は変わった？

磯　変わりましたね。昔はみんな貧しかったでしょ。やっぱり貧しさというのは嫉妬を生むんですよ。嫉妬がうずまいていた。今はさらっとしていて、豊かになったなと思います。

渡辺　今の若いやつをみると、物足りないとか、ふがいないとか思うことはありますけど、割と素直だもんね。昔の若い男はさ、同じ仲間でもお互い肩をそびやかして、競い合う感じだったもんな。例えば、あいつの方が自分より早く東京のマスコミに出たとかね。ねたみみたいなものがとてもあったね。あなたが言うように、やっぱり貧しさっていうのは、そういうものを生むんだね。

磯　私、あの嫉妬深さが嫌だったんですよ。それは、庶民の中でもひどかった。貧しさの持つよさっていうのもいっぱいあったけど、豊かさが持つよさもあるんでしょうね。それから、今の若い人たちはあまり人間関係が濃いのを好まないですよね。昔のお客さんたちって本当に組んずほぐれつの論争をしても、次の日また来るじゃないですか。それが、今はないですよね。

渡辺　いっぺん、けんかしたら終わりってこと?

磯　終わりですね。もう来ないですよ。

渡辺　ところでさ、昔の友だちというのは、会ってみても、お互い知り尽くしているし、新しい話もないし、何てことないんだけどさ、やっぱり年取ってきて、だんだん孤独になってきている人はね、たまには仲間に会いたいということもあるよね。ヨーロッパじゃ、パリでも、ミュンヘンでも、カフェとかなんとか、あそこにいけば誰か知り合いがいるというような、いわゆる芸術家とか、物書きとか画家とか、そういう連中が集まる一種のサロンみたいなものがあってね。ある面じゃわずらわしいけど、熊本ではカリガリがそういう役割を果たしてきたと思うんだよね。単なるスナックや飲み屋というのじゃなくてね、文化的な運動をやってきているる人たちが入れ代わり立ち替わりやってきてね。そういう店がだんだんなくなってきているんだよね。それでさ、今、〝カリガリ難民〟が生じていると聞くんだけど、またどっかで頑張ってみない?

磯　あははは。難民ね……。私も会いたいような気はするんですよ、難民の方々と。そうですね、どこかでまたお会いしましょう。

8

農業をやりながら絵を描く

―農家兼画家・池田道明さん

2013年に刊行された『みかん畑のキジ』（よも出版）という一冊の絵本。ミカン畑で草刈りをしていた農家の男性が、卵を温めていた母キジの代わりに卵を孵化させてひなを山に返すというストーリーだ。農業と自然の深いかかわりを考えさせられる物語には、柔らかな色調の絵が添えられている。出版したのは玉東町原倉の中山間地で絵を描きながら無農薬のミカン栽培に取り組む農家で画家の池田道明さん。1959年に生まれ、玉名農業高、県立農業大学校へ進学。標高200メートルの丘の斜面に父が切り開いた約2.7ヘクタールのミカン畑を30代で引き継ぎ、6年前から無農薬、無肥料栽培を取り入れ、徐々にその面積を広げている。

農業は生き方　畑は僕の作品

渡辺　ベランダから見えるこの一帯があなたの畑ですか。ここはとても眺めがよくて、外の風が気持ちいいですね。

池田　この家はミカン畑の中にあるんですよ。無農薬栽培ですから、クモの巣がたくさん張っているでしょ。

渡辺　もともとここに住んでいらっしゃったんですか。

池田　ここは開拓の入植部落で、私たちがここに入ってきたんですよ。

渡辺　どっから来られたんですか。

池田　移ってくる前も玉東町です。

渡辺　アトリエはどこにあるんですか。

池田　アトリエといえるものじゃないんですけど、向こうの倉庫の中で描いています。

渡辺　ミカン栽培はお父さんの代からやっているんですか。

池田　父はもともと県の農業試験場に勤めていたんですよ。

渡辺　農業試験場というと合志市の？

池田　いえいえ、河内町にあった果樹試験場で、父はそこにずっと勤めるはずだったんですけど、現場を回っていると、当時はミカン栽培が好景気で、農家がかなり稼いでました。勤めよりは、自分がした方がいいと思ったんでしょうね。

渡辺　それは昭和三〇年代?

池田　そうですね。ひところはミカン農家はものすごくよかったみたいですね。

渡辺　今、どんな品種を作っているんですか。

池田　温州ミカンですね。この畑は四年間、無農薬、無肥料で栽培しています。一番早く無農薬にした畑はもう六年になります。

渡辺　ところであなたの絵本に、草刈りしてたらキジの首を切ってしまったとありますが、どのへんなの。

池田　切ってしまったのは、あのへんですね。あのときは本当に参りました。この畑は除草剤をまいたり、草を刈ったりしないので、キジがたくさんやって来て、卵を産むんですよ。用心して歩かないと、卵を踏んでしまいます。今年もヒナが生まれてました。このあたりにあんまり卵を産まんでくれって言いたいですけど(笑)。

渡辺　はははは。ところで、お父さんはご健在ですか。

池田　はい。

渡辺　お母さんは。

池田　母は畑に行ったんじゃないかな。

渡辺　いいですね、ご両親と一緒に農業ができるなんて。

池田　野菜作りはだいたい母の仕事なんですよ。年中、野菜作りしていますから、野菜には不自由しません。

生き物は全部つながっている

渡辺　ところで、あなたの絵本を拝見しました。ご自分のミカン園での実体験を本にしてらっしゃるんですが、僕はとても良い話だと思ったんですよ。農業というのは単なる経済行為として考えれば、周りにキジがいようが、カエルがいようが、全然関係ないでしょ。商売というか、経済行為として考えればね。だけど、あなたは、キジが出てくるような果樹園、キジが育ってくれるような果樹園にしたいと思ってらっしゃる。そこが素晴らしいと思ったんですよ。そういう考えはどういうところから出てくるのかな。もちろん人間なら誰でも、キジならキジという生命を傷つけたくないし、無事に育ってほしいという思いはあると思うんですけど、今日の農業にとっては、近代的な農業技術によって周りのオタマジャクシが死のうが、カエルが死のうが、トンボがどうなろうが関係ないでしょ。

池田　話すとちょっと長くなるんですけど、僕が自然環境に関心を持ったのは、中学校のときに読んだ『原生林のコウモリ』という本がきっかけなんです。東京から岩手県の田舎町にやってきた新任の先生がいて、ある日、子どもたちがコウモリの死がいを学校に持ってくるんですよ。そのコウモリを調べたところ、日本で数例しか発見されていない珍しいやつで、子どもたちに聞くと、あちこちにいると。それでその先生はコウモリに興味を持って生徒たちと一緒に調査を始めるんですね。

するとと、日本でこれまで見つかっていなかった種類が続々と見つかって、森の中の鍾乳洞でコウモリの繁殖地を見つけるんです。そこにはコウモリがうじゃうじゃいて、子どもたちと一緒に大感動するんですが、鍾乳洞の周りの森の木を切ってしまうという計画が持ち上がるわけですよ。先生と子どもたちは「森の木を切ったら、コウモリが棲めなくなる」と言うんだけど、行政にはなかなか伝わらない。そこで先生と子どもたちは、コウモリが一日に食べる虫の数とコウモリの頭数調査をして、鍾乳洞のコウモリがその地域の森を守っているんだと粘り強く説得して、森が守られるという物語です。これを読んだとき、環境というか、生き物というのは全部つながっていて、それをちゃんと分かって行動すれば守れるんだなということを中学生のときに感じたんです。その本について私が書いた読書感想文がコンクールで賞とかもらってしまったもので、特に私の心の中に残っているんですよ。

ノウハウが分かったのは最近

渡辺　無農薬栽培を始めたのは、あなたの代からですか。

池田　そうです。無農薬栽培をやりたいと思い始めたのは高校生のときなんです。学校では当然、こういう虫にはこういう農薬がいいとか、施肥の仕方とか、年間の作業を全部教えてくれるんだけど、無農薬とか無肥料の栽培方法は教えてくれないんですよね。そのときちょうど、福岡正信という自然農法の提唱者で有機農法の神様と言われている人が出した『自然農法 わら一本の革命』という本に出合いまして。ご存じかどうか分かりませんが、『奇跡のリンゴ――「絶対不可能」を覆した農家木村秋則』という、ものすごい苦労の末に無農薬、無肥料のリンゴ栽培に成功した青森の農家を取り上げた映画があるんですが、その主人公の農家が実際に参考にした本なんです。

渡辺　それは高校三年生のころ？

池田　そうです。福岡さんは愛媛県に住んでいて、僕はその人に会うために、自転車で四国を一周する旅に出たんです。福岡さんの山小屋に泊めてもらい、実際に農場を見せてもらったんですが、実際はなかなか難しくて、無農薬では生活ができないなと思ったんですよね。でも、その後、自分でずっと試行錯誤してきました。

渡辺　お父さんのミカン畑を引き継いで、あなたが主となってやり始めたのはいつごろからですか。

池田　三〇歳ぐらいで経営委譲しましたが、おやじも七〇歳までは畑に来て頑張ったんです。父が七〇歳ぐらいで畑に来なくなってから、自分の好きなようにやってます。

渡辺　無農薬栽培をするということで、お父さんと衝突しなかったですか。

池田　おやじは本当に七〇歳から一切畑に来ませんでしたから。

渡辺　じゃあ、お父さんは口を出さない。

池田　はい。一切ありません。その代わり一切来もしませんが（笑）。

渡辺　無農薬でやっている農家はほかにもご近所にあるの。

池田　ミカンの場合はないですね。甘夏とかは多少いるかもしれないけど、それだけで経営している人はいませんね。

渡辺　このあたりはミカン農家が多いんでしょ。そういう中で経営的には、他の農家と遜色なくやれているのかな。

池田　まあ、そこそこです。

渡辺　無農薬で、除草剤を使わないというあなたの考え方を貫きながら経営をやっていけるんだったら、人に広げようという思いはないの。

池田　今まで農薬を使っていた畑を失敗せずに無農薬栽培に移行できるノウハウが分かってきたのがやっと最近なんです。徐々にその面積を広げてきて、来年からなんですよ、全部の畑を無農薬でやれるようになるのは。

渡辺　それまでにどのぐらいかかったの。

池田　だいたい六年ぐらいですね。それから、もう一つ、販売経路をつくることが大事なんです。普通に市場とかに出したら二束三文なので、消費者と直接つながれる専門店なんかに卸しているんです。でも、最近は応援してくれる人が増えてきて、これなら全部無農薬にしても売れるかなと思えてきました。販売ルートをある程度完成してそれが軌道に乗れば、ほかの人にも勧めることができると思うんですけど、今のところはまだ人の世話をするという余裕がないんです。そして、よっぽどうまく行かないと、みんなは真似しないでしょうね。

渡辺　ま、そうでしょうね。

池田　だけど、すでに自然栽培全国普及会というのがあって、コメなんかは技術の確立が進んでいますよ。

渡辺　でもさ、今はミカンが過剰生産なんじゃないですか。話を聞いたらさ、ジュースにするしかないって。ジュースの原料になったらバカみたいな値段でしか買ってくれないそうじゃないですか。

池田　ジュースの原料になれば、原価は一キロ一〇円ですね。コンテナいっぱいあっても二〇〇円ですよ。

渡辺　おたくの場合はどうなの。

池田　うちの場合は一キロ一〇〇円で買ってもらっています。

渡辺　それは無農薬だからなの。

池田　はい。皮ごと絞れますからね。ミカンも皮ごとのミカンジュースというのは貴重らしくて。最初はそんなに売れるのかなと思っていたんですけど、結構高くても売れます。自分たちで作ってくださいっていうオファーが結構あるもんで、今年から挑戦するかもしれません。

農業をやりながら絵を描く

中学校までは絵描きになりたいと思っていた。現在は農業をしながら、倉庫兼アトリエで絵を描き、「里山美術展」など作品の展示会も開いている。

渡辺　お父さんの果樹園を継ぐかどうか悩んだんじゃない。

池田　いや、悩みというほどではなかったですね。

渡辺　でも、絵描きになりたかったんでしょ。

池田　絵描きになりたいという思いはありましたが、高校のころはもう農業をやると思っていたんですよ。せっかくおやじが開いた土地なんで、農業は継がなきゃいけないと思っていました。

渡辺　それはじゃあ、そう抵抗なく?

池田　そうですね。県立農業大学校に行ったころには、農業をやりながら絵を描こうと決心を固めていましたね。その考え方になったのは、宮沢賢治の本を読んだのがきっかけです。彼は文章を書いたり、芸術活動をやりながら、後には高校の先生を辞めて農業をやりますもんね。そういう生き方もできるんだなと思って。それを追いかけようと。

渡辺　そうすると、絵は独学なの。

池田　独学です。デッサン入門、デッサンの描き方、油絵入門とか、本を買ってきて勉強しました。

渡辺　でも、果樹園というのは季節によって労働量は違うんでしょ。果樹園にも農閑期とかはあるの。

池田　農閑期はないですね。手入れは年中しなきゃいけないですからね。

渡辺　一年中、労働量は変わらないんだ。

池田　収穫時期は忙しいですが、後は天気や自分の都合次第という感じです。

渡辺　そうすると、絵を描くのは暇なときというんじゃなくて、一年間を通してお描きになるの。

池田　三島由紀夫が弟子を取るなら三六五日文章を書く人間しか駄目だと何かに書いていまして、僕もそこまでしないといけないのかと思って、若いころは三六五日を目標に描いていました。今はそこまでしません。今日は絵を描くとはなっから決めて描いています。

渡辺　個展とかもずいぶんやってらっしゃるんでしょ。

池田　そうですね。

渡辺　普通に絵を書くのと、農業をやりながら絵を描くのでは、やっぱり違いますか。モチーフとか。

池田　違うと思いますね。僕は農作業を通じて、毎日自然をしっかり見てますし、体感していますからね。それは作品に出てくると思います。でないと、自分の価値がないかなと思うんです。

渡辺　奥さんは何かなさってるの。

池田　染め物、織物をやってます。

渡辺　じゃあ、ご結婚なさって、ここでずっとあなたと一緒にミカンを作りながら、機を織ってらっしゃるんだ。

池田　保育園に勤めているんで、ミカンの仕事はあまりやってません。

自然は人間の思うようにいかない

渡辺　現在、農業に新たな生きる道や新たな農業をいろいろ工夫したり、模索している人がいますよね。安倍首相なんかも「農業はこれから成長産業なんだ」と言っているしね。珍しい品種や安全と美味しさを売りにしたものとか高く売れる野菜を作って、海外の金持ちが買ってくれるという話もあるけど、そういうのは経済活動としてあってもいいけど、僕は農業というのはどうしても経済成長とか、そういう理念に合わないんじゃないかなと思うんですよ。というより、やはり自然の中での営みにそこに喜びを見出していくということじゃないのかなと。

池田　そうですね。生きがいをどこに見出していくかだと思います。

渡辺　あなたは福岡で有機農業をやってらっしゃる宇根豊さんという方はご存じですか。

池田　いえ、知りません。

渡辺　もとは福岡県の農業改良普及員をしていたんだけど、しばらくして百姓になったんです。最初は減農薬運動を指導しながらずっと本も書いていて、二〇〇一年には「農と自然の研究所」を始めた人です。

池田　そうなんですか。

渡辺　この宇根さんは、農業をするということは、周りに生き物がいることなんだって言っている。ご飯一膳は稲束三束分であって、三束には三五匹のおたまじゃくしが付いていると。つまり、ご飯を一膳食べるということは、三五匹のおたまじゃくしを生かすことだと言うんだよ。単にお金を稼げるとか、食品の安全性がどうのこうのということより、農業をすることによって他の生き物を生かしているっていうことが大事なんだって言うんだよ。

池田　私もお金はほしいですけど、それが第一と思えないんですよね。この玉東町は狭い町だけど、全部が無農薬になったら、生き物にとっても、人にとっても楽園になると思う。今は、川にメダカとかウナギがいないと言っているけど、ウナギやメダカがたくさんいたら、全国から多くの人がやって来ますよ。

渡辺　あなたがミカン園をやるっていうことは、生活のためということもあるけど、やはり、絵本ではキジでしたけども、畑にいろんな生き物がやって来て、それを生かしていることなんですよ。あなたの農業が生き物たちとつながっているというメッセージを、あなたの本から受け取ったんですよね。

池田　ありがとうございます。生き物と共存できる畑であることが、僕にとっては作品なんです。だから発表するんです。いろんな人に来ていただいて、見てもらっているんです。

渡辺　ところで、ここも高齢化が進んでいますか。

池田　近所の何軒かは高齢化が進んでいますが、すぐそばの上の集落は若い人がたくさんいますよ。跡継ぎもいますし。

渡辺　ほう、ほう。それはミカン農家ですか。

池田　ここは全部兼業農家なんですよ。

渡辺　兼業というのはいいよね。

池田　みんな六〇歳から農業をやることを楽しみに働いているんですよ。この上にも何十軒かあるんだけど、ご主人が勤めに出てて、奥さんがだいたい農業をやっている。そしてご主人が定年したら一緒にみかんをつくることを楽しみにしている。向こうの集落も結構若い人が残って頑張っています。よそに行っていた人も帰ってくるし。

渡辺　それは頼もしいね。でも、有機農法をやってて、あなたはここで少数派でしょ。孤立してないの。

池田　僕は玉東町の認定農業者の会の会長でもあるんです。みんなとは違った方向で農業をやっているけど、のけ者にはされていないというか（笑）。

渡辺　でもさ、若い人が残っているのはいいですね。

池田　そうですね。後継者が十分いるわけじゃないんですけど、今研修会に行くと、若い人が勉強に来ているんですよ。

渡辺　農業やりたいという人が多いもんね、都会でも。

池田　特に若い女性がいっぱいなんですよね。こういう人たちは無農薬の野菜とか農業をやりたいという人が多いんですよ。

渡辺　そうでしょうね。でも、無農薬、無肥料っていざやってみると、農薬使うより大変でしょ。

池田　大変なんだけど、やり方を分かってしまえばできますよ。

渡辺　技法が確立すればってこと?

池田　僕たちは隠さず全部教えますから、今からやる人は失敗せずにやれると思います。努力すれば。

渡辺　あなたたちが先にやって、道を開いたからね。

池田　例えば、春草は鉄パイプとかでなぎ倒すと、夏草が出てくるのが遅くなって、ミカンになじむ草しか出てこなくなるんですよ。悩ましかったのはカズラ類でした。除草剤をしないとミカンの木に巻き付いてどうしようもなく増えるんですよ。これが一番大変だったんですが、巻き付く前になぎ倒すと、カズラは下をはうんです。そうすると、カズラがほかの草を抑えてくれて、カズラのじゅうたんみたいになるんですね。

渡辺　なるほど。

池田　セイタカアワダチソウとかヨモギとか雑草が生えてくるんですけど、畑を歩くとき踏み倒していくんですよ。そうするとカズラが巻き付いていって何年かすると、なくなるんですね。

渡辺　そうなると、今度はカズラがかえって役に立つんですね。

池田　そうなんですよ。そういう試行錯誤の末にノウハウが分かって、やっと全部の畑を無農薬にしますという方向になったんです。

渡辺　近代的な農業技術じゃなくて、池田さんが自分の体験の中で生み出していったんですよね。それが大事なんだよね。

池田　自然も農業もすべて人間が思うようにはいかないんですよ。

渡辺　そうなんだよね。

池田　音楽を聞かせたらミカンがおいしくなるなんて言う人もいるけど、そんなことはあり得ません（笑）。

渡辺　ところで、都会なんかで、大企業や県庁、市役所に勤めている人以外の若者の多くは、安い給料でつまらん仕事をやらされて大変なんだよね。もう少し、生きがいのある仕事をしたいと思っている人はいっぱいいるんだけど、農業なんかちょっとやってみると、俺の性に合っていると思ったりするんじゃないかな。例えばこの玉東町で新しく農業をやりたいという若者をさ、地元農家からしたら本当の農業の厳しさを知らないでいい気なもんだと思うかもしれないけど、そういう若者たちを受け入れて育てていこうという方向はないんですか。

池田　まだないですね。

渡辺　それはぜひ、やってくださいよ。

池田　やらなきゃいけないという思いではいます。

渡辺　どうせ長続きはしないとか言って相手にしないんじゃなく、もう少し温かい気持ちになって、びしびし鍛えてやる雰囲気があるといいですけどね。

農家の哲学をつくる

池田　国は、やる気のある農家が規模拡大して、企業化してやれと言いますけど、僕はそれじゃ駄目だと思うんですよね。

渡辺　それは駄目だよ。だいたい農業は企業になれない本質があるんですよ。農業というのはある意味、生き方なんです。生業であって、産業じゃないんですよ。

池田　僕が学校を卒業してすぐのころ、若い農業者が集まる全国大会みたいなのがあって、そこでいろいろ話をしたんですね。ある県の人たちが、農業を企業化して、週に二日はお休みをして、労働時間は朝八時から夕方五時までにして、きちんと月々お金が入ってくるようにするのがこれからの農業ですとか言ってたんです。僕は、みんなサラリーマンみたいな考えになっちゃって、本当の農業をやる人がいなくなるんじゃないかと言って、彼らとものすごい議論になったんですけど、結局、それから三〇数年たちましたが、ちゃんと給料が入ってくるような農家はあまり育っていないんですよね。

渡辺　人類はそもそも狩猟採集から始まっているわけで、本来農業の世界は産業じゃないんですね。自分が栽培している米やミカンの生産を効率化してペイするとか、経済として成長していくとか、そういう方向ではやり切れないところがあって、農業は周辺で生き物を育てて、生き物と共存している世界を作っているんですね。そこで、味わえる充足感はお金にならないものなんですよ。お金にならないものの値打ちというのを主張していけるのが農業だと思うんです。でも、近代的な産業と同じ流れの中で、農業も絶えず成長して、絶えず効率性を追求すべきだみたいな方向にいっちゃったでしょ。そして、お百姓さん自身が百姓本来の魂を失ってしまった。

今、世界の資本主義というのもだんだんどんづまりに来ている。例えば、今の金融資本主義は、仮想の資本主義で、ギャンブルと同じように実体経済がないわけですよ。物をつくる分野も、物があふれていてみんなもう要らないわけなんですね。だから今の資本主義は長続きはしないだろうし、そうすると、もっと違った形の資本主義というのを考えなければならない。だからこそ、生き物の声を聞いているあなたたち農家が哲学者になって、新しい哲学を作っていかなきゃいけないと思う。池田さんのような生き方は、昔から理想としてあって、宮沢賢治だけじゃなく、ミレーとかゴッホだってそうだった。農業をやりながら絵を描いて表現していきたかったわけなんですよ。ご自分の農民の哲学をつくって、もっと大いに発言していっていただきたいですね。人間は本を読んで勉強することも大事ですけど、あなたは生き物や大地から学んでらっしゃるからね。人間も自然の一部であって、あなたがた農家は、それを含んだこの世の実在世界の声を聞いてらっしゃる。だからこれからはもっと発言して、表現していってほしいですね。

池田　やらんといかんですね（笑）。だいたい農薬が世の中のためによいと思っている農家はいないと思うんですよ。そういう思いを封印して生活のために、夏もカッパを着て、農薬をまいている。先日も養蜂業者の方が訪ねてこられたんですけど、彼らは無農薬のミカンを探し回っている。今、農薬を使う普通のミカン畑に養蜂の箱を置けば、五割死ぬらしいんですよね。

渡辺　それは農薬のせい？

池田　はい。今、農薬のせいでミツバチが大幅に減っていて、養蜂業者はミカン蜜はもう扱わないという傾向が出てきている。そこまでいっているんですよね。農家も心しないと取り返しがつかなくなる。

渡辺　なるほどね。でも、あなたのところはちゃんと成功しているでしょ。

池田　いや、まだまだ何年かはかかります。やっとみんながじわじわと遠巻きに見に来ているっていう感じです。それと、意外と遠くの方が見に来られます。先日は東京の方が見に来られました。

渡辺　でも、あなたのお父さんは偉いね。あなたのやり方に口出しをしない。

池田　もともと農家じゃないからじゃないですかね。
渡辺　で、今は楽しいですか。
池田　楽しいですよ。みんなから「あんたは楽しそうな」と言われます（笑）。
渡辺　ところで、おたくの無農薬ミカンはおいしいでしょ。
池田　この前買ってくれた八〇歳の方からはがきが来て、「今までで最高のミカンです」って書いてありました。
渡辺　わあ、それなら買わなくちゃいけないな（笑）。

9

私たちは、絶滅しかけている？

――詩人・伊藤比呂美さん

恋愛、結婚、出産、離婚、更年期、親の介護など、女の人生の酸いも甘いもかみ分け、独自の文学世界を打ち立てた詩人の伊藤比呂美さん。1955年東京生まれ。1984年に熊本に住み始め、1997年から熊本と米国を行き来しながら創作活動を続ける。2008年には熊本から文学を発信する「熊本文学隊」を旗揚げした。著書には、『河原荒草』『良いおっぱい 悪いおっぱい』『とげ抜き 新巣鴨地蔵縁起』『女の一生』など多数ある。インタビューは熊本の伊藤さんの家で。

東京と熊本、そしてカリフォルニア

渡辺　あそこに飾ってある絵は、あなたが描いたの。
伊藤　いや、父なんです。
渡辺　お父さん、絵を描いていたの。
伊藤　はい。油絵は全部父で、向こうにかかっている絵が私の連れ合いの絵なんです。
渡辺　連れ合いっていうと、二番目の連れ合い？
伊藤　そうそう。カリフォルニアにいるね。
渡辺　へぇ、こんな絵を描いているの。この家に暮らして長いんだよね。
伊藤　長いですね。二〇年ぐらいですね。もっとかな。
渡辺　それでね。僕は今日はインタビュアーでね。
伊藤　今日は渡辺さんにインタビューされるわけなんですね(笑)。
渡辺　ところで、熊本に来たのは、前のご主人の仕事が熊本大に見つかったから、いらっしゃったわけでしょ。
伊藤　そうです。

渡辺　もう三〇年になるのかな。最初に熊本に来たとき、こんなに長く住むと思ってたの?
伊藤　何も考えないで来たんで。彼の職が熊本大にある限りいるだろうと。むしろ熊本から出ていくってことを考えていなかったですね。
渡辺　熊本にはすっと入れたの。
伊藤　全然入れませんでした(笑)。
渡辺　あははは。全然入れなかったのに、出ていきたいと思わなかったの。
伊藤　思わなかったですね。東京に帰りたいと思わなかったし。
渡辺　どうして、ちょっと説明してよ。
伊藤　まずですね、来てすぐに心を打たれたのは、やっぱり自然なんですよ。雨が降っていて、雨が下から降っているような感じがしたんです。家の二階の窓から外を見ていたんですけど、屋根に雨が当たって跳ね返っていた。そこまで強い雨脚の雨を見たことがなくて。しかも、晴れたら空が青くてすごいでしょ。クスノキの茂り方もすごいでしょ。当時、ミノムシが大発生していて、それもすごかった。
渡辺　普通はミノムシがいたら嫌ってなるんじゃない?
伊藤　いや、あんだけいるとね。熊本大の森とか、れんがの建物の壁が一面ミノムシだったんですよ。それで、歩きながらつぶすじゃないですか。私は子どもにおっぱいやっているじゃないですか。すごかったですよ、その快感が。

渡辺　あははは。そうなんだ。ところで、あなたは東京の下町育ちでしょ。下町って、どこですか。

伊藤　板橋区です。本当は板橋区は下町って言わないんですけどね。

渡辺　板橋区って僕はあまり知らないんだけど、町工場なんかが多いの？

伊藤　うちの父は町工場やってましたから。むしろ裏町感覚の強いところです。ただ、母の方の祖父母が浅草から流れてきたんで、下町の文化を引きずっていたんですね。

渡辺　なるほどね。その前にさ、なかなか入り込めなかったって言っていたけど、それはどういうふうに入り込めなかったの。

伊藤　う〜ん。いろいろとあるんですけど。なんか、やっぱり中央から来た若い詩人だったからですかね。ただ、当時の私にとって前の夫が文学のすべてだったから、彼と話していれば、もうほかの人はいらなかった。で、あと必要だったのは保育園の先生。子どもがいましたからね。その人たちがいればそれでよかったんですよ。

渡辺　じゃあさ、あなたは一九八四年に熊本にいらっしゃって、一九九七年にカリフォルニアに行ってらっしゃるでしょ。カリフォルニアに行かれても、お父さんとお母さんが熊本にいらっしゃったから、ずっと熊本に帰ってきてらっしゃったわけね。熊本の人間になったって感じはするの？

伊藤　しますね。しますけど、熊本の生まれ育ちですかって言われると、いや東京ですよ、と言ってしまう自分もいるんですよ。

渡辺　熊本はあなたに合ってたわけ。

伊藤　合ってますね。

渡辺　どこが。

伊藤　やっぱり人だと思いますね。彼と別れた後、近くに父と母がいるでしょ。そうすると、父と母の文化に取り込まれてしまいそうになって、それでアメリカに行ったんですよ。それで、アメリカから帰ってくるたびに、彼がいないから寂しいんですよ。だから、自分から出るようにしたんです。講演やりませんかって自分で持ちかけたりして。最初は市の図書館、それから保育園。そしたら、馬場純二さんに出会ったんです。「熊本文学隊」の幹部で「石牟礼大学」の校長で、県立天草高校の教頭です。当時は彼、熊本近代文学館にいたんですよ。それが一つのきっかけでした。それと、やっぱり石牟礼道子さんとの出会いは大きかったですね。最初はそんなにしょっちゅう会っていたわけではないんだけど。

渡辺　でも、時々会いに来てたね。

伊藤　そうですね。なんか、前の夫と別れて一人になって、熊本に残ってみて、熊本の人とつながってみて、そこで、大きかったのは石牟礼さんがいるなってことだったんです。今は特にですよ。父も母もいなくなっちゃったから。

渡辺　そうだね。さっき、お父さんとお母さんの文化にとりこまれそうになったとおっしゃったね。それはどういうこと？

伊藤　東京の下町、裏町のワーキングクラスの、小市民の、零細企業の経営者だった人の文化。

渡辺　それが嫌だったの。どうして？　お父さんは大好きだったんだろ。

伊藤　大好きでしたね。でも、いったん外に出ちゃうと、ものすごく狭いし、排他的な世界なんですよ。つまり私たちは、いろんな多様性をいくらでも受け入れようとして生きているじゃないですか。でも、彼らの文化にはそれがないんですよ、基本的に。

渡辺　でも、熊本の文化もそうかもしれないよ。

伊藤　でも、私が付き合っているのは、そこを突き抜けている人たちばっかりだから。

渡辺　まあ、熊本も変わったからね。

伊藤　前の夫と出会ってから、私は生活という以前に、文学を基盤に生きてきたんですよね。そこから抜け出せないというか、抜け出したくないみたいな。で、今の連れ合いは連れ合いで、アーティストなんですよね。そうすると、向こうの知的な生活にぱっと入っちゃったわけで、余計に父と母の文化には取り込まれたくないっていうか。

渡辺　アメリカは合った？

伊藤　合いましたね。

渡辺　住みやすかったんだ。

伊藤　すごい住みやすかった。

渡辺　にもかかわらず、ずっとアメリカに住むか、熊本に住むかってことになると、どうなるの。

伊藤　悩んでいますよ。

渡辺　悩んでるの？

伊藤　はい。で、この前、京二さんに熊本に帰ってらっしゃいと言われて、ふらふらっとなっています。

渡辺　あははは。じゃあ、僕が誘惑しなきゃ、ずっと向こうにいるのか。

伊藤　分かんないんですよねぇ。しばらくは帰ってくると思いますけど。

カリフォルニアの人は人懐っこい

渡辺　アメリカで暮らしていて、日本とか熊本とかと違いがあるんじゃない？

伊藤　ありますよ。日本人の方が一人一人の生き様は自分のことしか考えていないように感じる。アメリカ人は国になっちゃうと、他人のことは考えないけど、一人一人は他人のことを考えて、受け入れて、住んでいる気がする。まあ、移民が多いカリフォルニアだからなんでしょうけどね。

渡辺　アメリカも多様だからね。

伊藤　それから、なんとなく成田に着いたときから感じるんだけど、空港カウンターとかで日本人はみんな丁寧なんだけど、人好きのしなさがあるんですよ。

渡辺　人懐っこくないってこと？

伊藤　うん。

渡辺　じゃあ、あなたが住んでいるカリフォルニアの人たちの方が人懐っこい？

伊藤　すごく人懐っこい。

渡辺　おかしいな。昔の日本人はとても人懐かしかったんだけどな。僕が『逝きし世の面影』に書いているでしょ。

伊藤　でも、あれは昔って言っても、かなり昔でしょ。

渡辺　はははは。かなり昔だ。

伊藤　京二さんが覚えていないぐらい昔でしょ。

渡辺　でも、たかだか百数十年前だよ。

伊藤　そんな昔のことを言われても（笑）。

渡辺　でも、明治時代までは残っていたわけだからね。当時の外国人は、アジアのいろんなところに行って経験してから日本に来ている。そして日本人の人懐っこさにまいったわけだよ。

外国人を怖がらないし、ずっと触りまくったりしてね。ものすごく人懐っこかったんだよ。今はそんな人懐っこさがないのかな。

伊藤　ないんですよね。

渡辺　熊本でも？

伊藤　熊本でも。本当にそれは感じますよ。

渡辺　それにもかかわらず、カリフォルニアでなければ熊本に住もうかなって思っているのは、文学でしか生きていけない人間って言っているけども、そういう詩人としてのあなたを活かしてくれるよう環境ができたからなの？　石牟礼さんもいるしね。

伊藤　そうですね、やっぱり友だちがいるっていうのは大きいと思います。東京にもいるんですよ、いっぱい。いるんですけど、東京の友だちっていうのはある程度距離を取って付き合っているじゃないですか。だから、いつもメールでやりとりしたり、電話で話したり、別に会わなくてもいい関係なんですよね。それに、やっぱり家があるからかな。今ね、東京に帰ると息が詰まりそうなんですよ。

壊れていく東京

渡辺　東京は息が詰まるっていうけど、誰でもそうだよ。
伊藤　いや、昔はそうじゃなかったんですよ。
渡辺　それは自分が住んでいたからだろ。
伊藤　うん、そう。
渡辺　それにね、東京五輪以前の東京とは違うんだよ。
伊藤　そうですね。あははは。『逝きし世の面影』みたい。
渡辺　東京五輪以前の東京は覚えているの。
伊藤　はい。覚えています。
渡辺　僕もね、五輪以前の東京が好きだったんだよ。だけど、その後ね、熊本に帰ってきて、久しぶりに東京に行ったら、もう駄目だね。特に今はね。
伊藤　五輪前の数年間に、それこそゴジラかなんかにやられていく街みたいに東京が壊れていくのを子ども心に見てました。もちろん新しいものもできましたけど、それ以前に壊れていくものが大きかった。

渡辺　なるほどね。じゃあ、熊本の街はどう？　こうしたらいいんじゃないかなみたいなことはある？

伊藤　いっぱいありますよ。人懐っこくなさ以前に、景観のひどさに打ちのめされました。国道とかにある店の巨大看板なんか、街全体の景観とか考えずに、自分の店のことしか考えていない気がするんです。帰ってくるたびに、うわぁ、またこれかって感じ。とにかく、景観についいては誰も何にも言わないでしょ。

渡辺　しかし、それは熊本だけじゃなく、どこの街もそうなっているんじゃない。

伊藤　そう。でも、特に熊本は住んでいるし、前を知っているから。

渡辺　じゃあさ、熊本の都市景観的にいいところはどこ？

伊藤　何にもないですよ。熊本城もひどいと思う。古い物を残そうという思いが感じられない。河川敷だって、もともとあった自然を壊して、すぐに改修したり、テニスコートとかを作ろうとするでしょ。私たちがやるべきことは自然と歴史を残すことであって、そういうことじゃないと思うんですよ。アメリカに住んで帰ってくると、それを強く感じるんです。

渡辺　でも、アメリカは何もないじゃないか。

伊藤　いや、アメリカはちゃんと自然を残していますよ。しかもなるべく手付かずに自生種だけにしようって感じで。

渡辺　そうすると、熊本に言いたいことは、古い街並みとか、自然とかをもっと大事にしなさいっていうことなの？

伊藤　テーマパークみたいじゃなくて、本物を目指してほしいって思うんですよ。だって面白いものがいっぱいあるんですよ、熊本には。

渡辺　たとえば？

伊藤　夏目漱石の旧居があるでしょ。ジェーンズ邸があるでしょ、ラフカディオ・ハーン（小泉八雲）の旧居があるでしょ。それから石牟礼道子。

渡辺　それは人間じゃないか（笑）。

伊藤　石牟礼道子に付属する社会ですよ。石牟礼文学に描かれている風景だって熊本にはあるじゃないですか。そういうのを残すとかね。でも、熊本城にしても、各地の伝統的な祭りにしても、どんどん観光目的の薄っぺらい方向にいっちゃう。そうなると、一回しか来ない観光客は呼べても、学者や研究者は来ないですよ。文化も伝わっていかないし、むしろなくなっていくと思う。ここまで文学的資産がある街だから、ちゃんと熊本近代文学館がそれを統率して、熊本大なり、学園大なり、県立大なりにいる学者がそれとつながって、いつでもよその研究者が来たときに、その資料やデータとつながるようにやるべきだと思うんですよ。しかも、熊本近代文学館も名前変えちゃうんでしょ。

渡辺　なるほどね。そういうことをどんどん提言してもらいたいね。

伊藤　さんざん言ったけど、聞いてもらえなかったんですよ（笑）。

どこにいても違和感があった

渡辺　ところでさ、あなたが書いた『犬心』もそうだけど、お父さんを看取ったことを書いた『父の生きる』も実に内容が壮絶だね。

伊藤　いやいや、粛々とやっていただけです。

渡辺　いやいや、すごいよ。すごいパワーだと思うけどね。あんなこと普通やれないと思うけどね。

でもさ、あなたが詩を書き始めた若いころは、非常に破壊的だよね。自己も含めて。つまりセックスとか性ということを赤裸々に詩にしちゃうということで、詩人伊藤比呂美という特徴付けがなされたと思うけど、一種の自己も含めて、社会、あるいは既存のものに対する破壊衝動が荒れ狂っていた感じがするんだよね。ところがさ、あなたが母親になってから書いた『良いおっぱい悪いおっぱい』とか、人生相談ものとか、これは全然姿勢が違いますよね。

伊藤　いえ、同じですよ。

渡辺　でもさ、荒れ狂っているというかネガティブな人間が相談に乗れるわけがないよ。他人の相談に乗れるということはポジティブなものが自分にあるというか、生きていることを肯定するからできると思うんだよね。あなたの場合、最初自分が生きていることを否定的に捉えるということが詩に対する衝動であったのに、ある時期から生きているということを肯定的に捉えるように変わったんじゃないかな。だって人生相談はニヒリストにはできないよ。これはどうしたことなの。そこに何か転換があったの。

伊藤　まず、最初の破壊的というのは、ちょっと違うと思う。人は自分の手や足のことを平気で書くじゃないですか。じゃあ、なんで私たちは自分のセックス行為を書けないんだろうと思ったんですよ。だから、手や足のことを書くように、セックスのことも堂々と同じように書きたかったんですよ。

渡辺　ということは、肯定しているわけだな。

伊藤　でしょ。そこから始まったような気がしますよね。

渡辺　でも、相当荒れ狂っていたような気がするけど。

伊藤　それは単に当時の私の経験が悪かっただけです。それをそのまんま書いていたから、割と破壊的に見えるんです。もし、あのとき、すっごい幸せな恋愛をしてて、満ち足りていたら違っていただろうし、詩を書いていないかもしれませんね。

渡辺　最初から前のご主人と出会ってたらってわけか(笑)。

伊藤　そのころ彼と出会っていたら、詩なんて書いてないかもしれませんね。

渡辺　あ、そうなの?　うそ?

伊藤　分かんない（笑）。

渡辺　そうか、なるほどね。でもさ、あなたは石牟礼さんと自分は似ているってよく言うじゃない。書かれたものから自体から言うと、文体も違うし、いろいろ違うんだけども、お互いで照らし合っているところがあるような気がする。例えばね、彼女の場合には根源的な不幸みたいなのがあって、この世に適合しないみたいなね。一方では、この世の根源的な生命を根本的に肯定するようなものを持っていると思うんだよ。そうするとさ、あなたの中にも単に根源的な肯定というよりも、やはり石牟礼さんが持っているような根源的な孤独、悲哀というようなものがあるの？

伊藤　悲哀とか孤独という言葉では言い表せないけど、なんか違和感は初めからありましたね。なんか異星人みたいな。どこのコミュニティーに住んでいても、自分はどうも違うんじゃないかって。最近こそ、それは感じなくなってきたんですけどね。

渡辺　それはカリフォルニアがいいからかな。

伊藤　あっちでは私、もろエイリアンでしょ（笑）。日本に帰ってくると、まだ自分の同胞がいっぱいいるような感じがするんですけど、あれ違ったなって思うことってあるんです。若いときなんて、もっと違和感というか、ここに適合していないなって感じがずっとありましたね。

渡辺　なるほどね。ただ、人生相談を受けるというのは大変だと思うんだよね。ところが、作家の坂口恭平もやるんだよね。自殺したい人がいたら電話しろって言って、自分の電話番号を公開してね。なんだか、君と似てるね。僕はそんなことない人間なんだね。

伊藤　でも、ずっと塾の先生をしてらしたでしょ。

渡辺　先生とは全然違うよ。先生というのを比呂美ちゃんがどうイメージしているか知らないけど、僕の場合、知識を切り売りしているだけのつまらん教師。僕の場合はさ、相談を受けたら、うるさい、そんなこと自分で解決しろって感じでさ、適切な助言もできんしね。あなたが出した『女の一生』なんかはさ、もろ人生相談だろ。実に適切なんだよな、あなたの答えは。あれで商売できるんじゃないかな。

伊藤　できます（笑）。

渡辺　僕はあんな適切な対応はできないからね。だいたい近代的詩人って言ったらさ、他人のことは知らない、私だけよみたいな感じが僕にはあるんだけど。まあ、古代的詩人はまた違うだろうけど。そういうのっていったい何なの？

伊藤　最初に書き始めたときから、知的な現代詩人が書いている詩っていうものに、ものすごく違和感があって、ああいうものは書きたくないっていうのがあったんです。若いときに一応読んだ詩人の中で影響を受けた人って、鈴木志郎康と富岡多恵子の二人だけなんです。二人とも割と自分の言葉をストレートに出してくるじゃないですか。

もう一つは、父は教養があった人なんですけど、うちの母の方が本当に教養のない人なんですよ。若いときに詩を書いて父に見せるんだけど、母は分かんないじゃんって思っちゃうんですよ。それで、やっぱりね、母系のことを書き始めたときに母たちにつながっているんだったら、彼女たちにきちんと伝わる言葉できちんと表現するべきだと思ったんです。それから一〇年もしないうちに書き始めたのが、『良いおっぱい悪いおっぱい』。育児本の先駆けになったものですけど、あの読者は元気で人生を謳歌《おうか》している母というよりも、むしろお金がなくて疲れた母たちなんです。つまり、詩を書くっていう行為は、単なる紙の上の詩的な遊びではなく、むしろもっと具体的に人を治す、あるいはつながる、届く、そういう言葉の表現なんじゃないかって思ったんです。

渡辺　ヒーリングかな。

伊藤　そう言うと、すごく軽くなるから使わないようにしたんですけど、京二さんが言うと、軽くないからそれでいいです。

渡辺　ヒーリングというとちょっといやらしいね。

伊藤　ちょっと嫌でしょ。他の言葉があるといいんだけど。例えば、疲れた母の疲れを取るとかね。

渡辺　そうするとさ、根源的な普通の人間の生命に届くようなパワーを詩が持つというか、そういう方向で行きたいということなんだね。

伊藤　そうです。

文学で遊ぼうってことです

「熊本文学隊」の隊長として、自らの人脈を駆使して中央から著名な作家や文化人を熊本に招き、さまざまな文学イベントを企画。今年から石牟礼文学を読み解く「石牟礼大学」もスタートさせた。

渡辺　あなたが「熊本文学隊」を立ち上げたいきさつを聞かせてよ。

伊藤　遊ぼうってことですよ。きっかけはね、当時、馬場さんがいた熊本近代文学館のいろんなイベントをいろいろ画策したことから始まったんです。あそこお金ないですからね。だからそういう場で知り合った人たちと、一緒に文学で遊びましょうということでつくったってわけなんです。それから、やっぱり私、命懸けて文学をやっているんですよ、自分の存在を全部懸けてやっているというかね。だから、現代文学の中の詩、あるいは現代美術とか現代音楽につながる現代言語芸術としての表現をやりたかったんですよ。

渡辺　なるほどね。ところでさ、隊員ってさ、何人ぐらいいるの。

伊藤　いやあ、大していないんですよ。

渡辺　会員みたいなのがいるわけだ。
伊藤　いやあ、いるんですけど、普段はいません。なんかやろうって言うと、ぱっと集まってくる感じですよ。
渡辺　「水俣病を告発する会」に似てるな。
伊藤　告発する会？　あははは。
渡辺　そうか、そうか。それであなたが隊長さん。会費は取ってない？
伊藤　取ってない。
渡辺　機関誌を出そうなんてことないの？
伊藤　ないです。
渡辺　なんで？
伊藤　めんどうくさいから。私がやる気になんないし、誰も暇がないから。もっぱら文学をネタにして遊ぶという感じですね。
渡辺　だけどさ、さっき言っていた文学を命懸けてやるってことと、遊ぶこととのつながりは何なの？
伊藤　文学隊ができる前は私、呼び屋だったんですよ、詩人や作家のね。最初のイベントは、東京でたまたま作家の町田康さんに会ったもんだから、熊本に来ませんかって。その前に、作家の津島佑子さんと中沢けいさんを呼んできたときは、安くて申し訳ないけど温泉付きですよって言って、引っ張ってきたんですよ。つまり、私の人脈とかコネを使えば、安いお金で人が来てくれたんです。

渡辺　ほう、なるほどね。

伊藤　私は東京で高校生、大学生していたでしょ。いろんな芝居見ているし、音楽聞いているし、誰かの講演会もいった、朗読会もそう。そのときにね、彼らの本当の姿見て、本当の声を聞いて、ずいぶん身になっている。それがよかったんですよ。だから、超面白いものを熊本に持ってきて、熊本にいる人たちにも見せてあげたいと思ったんですよ。ところが、なかなか若い子が来ない。

渡辺　文学が持っている力というのはね、非常に大きいものがあると思うんだけど、それがだんだん衰弱していると思う。文学の力というものは今でもあるとは思うんだけど、文学を読むというのは特殊な人間なんだよね。やっぱり、一般の市民社会というか、庶民社会の中では、文学というのは、どうしても特殊な人間の営みというところがあって、そこを打ち破って、少し文学を大衆化しようとするとね、そこに集まってくるのは、本当の大衆ではなくて、文化的な人か文化好きな人。文学的な催しをやって、文学というものが面白いんだと、あなたのパワーにもなるんだという方向で訴えていくのもいいけれど、どうしてもごく少数の伝わらないものがあると思うんだよね。

伊藤　あははは。そうですね。

渡辺　あなたは読者というものをどう思っているの。『良いおっぱい悪いおっぱい』とか、『女の一生』とか親しみやすいものは読者が広がると思うけど、ちょっと本格的な作品となると読者は減るだろ。

伊藤　違うんです。私最近ね、自分の書いているものは実は、みんな自分の本格的な詩だと思っているんですよ。最近出した『女の一生』はちょっと裾野を広げるために頑張ったんですけど、『父の生きる』『犬心』『閉経記』それから『女の絶望』『読み解き「般若心経」』『とげ抜き　新巣鴨地蔵縁起』とかは詩なんですよ。

渡辺　でも、『とげ抜き　新巣鴨地蔵縁起』っていうのは、かなり本格的な作品だろ。

伊藤　全部自分の表現の中で詩だと思っているんです。で、ただ、詩と言ったときに、高等的な詩しか読まない人もいるし、そういう人は本格的な作品を読んでいてくださいとか、エッセーしか読めない人は『閉経記』読んでおいてくださいとか、もうちょっと難しいのが読める人は『犬心』読んでおいてくださいとか、そういう感じで、でも書き方は全部同じなんですよ。

石牟礼さんに似ている

渡辺　僕はね、あなたの『父の生きる』を読んだけど、これを昔の私小説家が書いたら、絶好のテーマなんだよ。読んだら大変しんどくて、その代わり文壇では秀作って褒められるようなものができるんだよ。その代わり辛気くさくっていうか、気がめいるというか。

伊藤　私、私小説って嫌いなんですよ。

渡辺　そういう材料をさ、あなたみたいに仕上げるとなると、昔はできなかったことなんだけよ。それがすごいなと思ったの。

伊藤　今はできるけど、詩だと思ってやってるのは私だけですから。どれだけ、それが文学として理解されるかなんですよ。

渡辺　いや、紛れもない文学だと思っていますよ。昔だったら、つらくて、虚無的で、人生の実像っていうわけなんだよ。そういう題材をあんなふうに仕上げていくのは、すごいなと思うんだよ。

伊藤　ありがとうございます。

渡辺　でも、やはりこれが文学であって、こんな形で文学化するのがすごいんだということがね、分からなくちゃいけないんだと思うけど、分かる人間はそういないと思うんだよ。

伊藤　いないと思います。もう、捨て身ですよ（笑）。

渡辺　本当はね、昔の作家が書いたらこんなふうになるんだよと、それをこんなふうに書いているのはすごいんだと。ああいうふうなのは話の繰り返しなんだけど、それを何度も読ませているのは文章の力よ、って。そこまで分かる人間というのは少ないと思うんだよ。

伊藤　少ないです。本当に少ないです。

渡辺　だからね、そういった意味では文学の理解者は本当に少数派で、理解されないということが結構あると思うんだけど、そのへんは覚悟ができてるの。

伊藤　できてます。仕方がないなと思って。でも、少ない人たちがそこを実際に理解してくれるでしょ。その何人かが、これはもう伊藤比呂美の文学だと思ってくれればもういいんじゃないかと思います。

渡辺　ところで、あなたは石牟礼さんと似ているっていうけど、ずばり言ってどこに接点があると思うの。

伊藤　顔が似てますよ。

渡辺　あははは。よしよし。じゃあ、彼女の作品のどこがすごいと思うの。

伊藤　やっぱり言葉の力。

渡辺　でも、ずいぶん言葉の使い方は違うよね。

伊藤　そりゃ、違いますね。

渡辺　あなたは石牟礼さんの文章に抵抗を感じないの？　美しいものをさらに美しいものにしていこうとしているでしょ。

伊藤　うーん。ありますね。美しいものにしようとしているっていうのは感じなかった、というか気がつかなかった。でも、時々抵抗あるときもありますね。

渡辺　どういうとこ？

伊藤　言葉が多いというか。

渡辺　多いよ。フロベールと逆なんだよ。フロベールが一つの言葉を選ぶのに何日も苦労したというのは、近代文学の神話なんだけどね。彼女の場合は、一つの修飾語では足りないんだよね。言葉が同時多発するわけだ。だから過剰すぎるというふうになることもある。

伊藤　ありますけど、またその過剰性が面白いときもある。あと、自分性と言いますか、とくにエッセイなんかに感じるんですが、こう、ご自分の周囲に鏡をいくつも立てて、その中で書いているように感じることがある。これも過剰っていう言葉で言えると思う。その自分性みたいなのは、当然、私も持ってるから人のことは言えない、近親憎悪かもしれませんね。

渡辺　ナルシシズムなんだよ。

伊藤　そうそうそう。ナルシシズム。ただ、みんなそうですからね。私もそうだし。

渡辺　でも、比呂美さんの作品にはそれはあんまり感じないね。あなたは豪傑だもん、男より。

伊藤　あははは。豪傑ですか。

渡辺　うん。それに、やっぱりあなたは母系制というのかな。

伊藤　それは石牟礼さんにもあるでしょ。

渡辺　もちろんあるよ。伊藤比呂美さんにもあるのかなと思って。しかも、君は人柄が大きいんだよ。

伊藤　でもですね、『苦海浄土』なんて、その言葉の過剰性なんてどうでもよくなるじゃないですか。

渡辺　あれは彼女の作品の中でも、表現的には過剰なんだけど、引き締まっている。

伊藤　それでいて、空から地面まで、一本筋がぴーんと通っている感じでしょ。それと、石牟礼さんの『アニマの鳥』っていうのが、あれがまたすごい。

渡辺　あれはちゃんと評価した評論がないんだよ。比呂美さんが書いてくれないかな。僕は思うんだけどさ、あなたはさ、熊本で文学の広い意味で芸術的な動きを作っていきたい考えはないの。そのための熊本文学隊じゃないの。

伊藤　ないです。

渡辺　ないの？　だって「石牟礼大学」とかいろいろやっているじゃないの。熊本で最も活動している人だよ、あなたは。

伊藤　だって、私は熊本でよそ者だもん。

渡辺　そんなことないじゃない。ちゃんと受け入れられているじゃない。

伊藤　いやあ、やっぱりよそ者ですよ。今、熊本に籍ないし。

渡辺　そんなの関係ないじゃないか。

伊藤　いやあ、私、すごいよそ者感ありますよ、いまだに。

渡辺　そんなこと言ったら、僕なんか、熊本にUFOで着陸したって言われているんだから。
伊藤　あははは。そうなんですか。
渡辺　そうだよ。だから、そんなこと全然関係ないんだよ。ところで、橙書店は文学隊の本拠なんでしょ。
伊藤　橙書店も大きいですよ、私が熊本にいる理由。
渡辺　文学隊には役職はないの。
伊藤　役職？　あの、お忘れになっているかもしれませんが、渡辺京二さんは名誉隊長ですからね。あははは。石牟礼さんもそうです。
渡辺　ああ、そうだったね（笑）。でもさ、比呂美ちゃんね、よそ者であまり受け入れられないとか、あんまり考えなくていいよ。
伊藤　いいんですか。
渡辺　そんなのないよ、今は。熊本にも文化人みたいなのはいるんだよね。その方々はそれぞれおやりになればいいんで、別に気にしないでいい。新しいのを作っていけばいいんだよ。
伊藤　確かにね、今、熊本には若手作家の坂口恭平さんとか、新しい人がどんどん来ているしね。
渡辺　いわゆる地方文化人とか、地方文化はどうでもいいのよ。で、そういうことをやってらっしゃる方もいるけど、そういう方の領域を侵犯するわけじゃないからね。その人たちのことを気にする必要もない。また、そういう人たちから受け入れてもらおうとする必要もない。要するに新しいことをやればいいんです。そうすると、新しい人が出てくる。

伊藤　そうですね。

インディアンになればいいんだよ

渡辺　まあ、何のためにやるかってことなんだけど、僕はね、ことは文学だけじゃないんだけど、やはりあの一つの精神的な水準というか、知的な水準というか、それは保っていかないといけないと思っている。そういうふうな知的な共同体というものを育てていくことが、やっぱり日本の核であるべきなんだよ。熊本でもそういう知的なムーブメントというかね、知的レベルを落とさないことが大事なんだよ。例えば、熊本には古本屋が二軒あるけど、昔は十数軒あった。この二軒も下手したらつぶれる。そうなったら最後だからね。まあ、熊本でそれをしなければならないという理由づけはないんだけど、自分がたまたま熊本にいるからやるだけだけどね。そういう自分のいるところで、若い人たちも含めてさ、知的で精神的な活動というもののの質をいいものにしていく、エネルギーのあるものにしていくという活動をしていかなければならないと思っているんだよ。

伊藤　やりたいですね。ただ、そういうときに、若い人をどうやったら巻き込めるんですか。本当に興味ないみたい、若い人たちは誰も。

渡辺　文学隊には少しはいるかと思って期待しとったんだが！

伊藤　全然いません。年寄りクラブみたいになっちゃって。ははは。

渡辺　それでもいいさ。

伊藤　でも、若い人が関わってくれたら、ものすごく面白いのに。

渡辺　坂口恭平のところにはいるらしいけど、比呂美さんの書くものも、若い人たちに訴えるものを持っていると思うんだけどね。

伊藤　いやあ、私は同世代を相手にしている気がする。

渡辺　でも、若い人も読めると思うよ。

伊藤　あと一〇年ぐらいしたらね。

渡辺　でも、活字離れっていうか、それが今の大勢だからね。とにかく少数派でいいんだよ。

伊藤　でも、今の状態、楽しくないですか。それこそ、フローベルとか、ドストエフスキーとか、トルストイもね、考えたこともない状態に私たちは今いるわけでしょ。もしかしたら、小説とか、文学とか、詩とかなくなっちゃいそうな。文学というのが前人未到のところに生きているわけだから、どうやって生き残るのか、あるいは生き残らないにしても、私たちみたいなマイナーな作家詩人がね、みんな一人一人が覚悟していかなきゃいけないでしょ。ある意味、それが面白いと思いますよ。

渡辺　だから、少数派でいいんだよ。保存すればいいんだよ。あのね、ギリシャ・ローマの古典文化っていったん滅びたんだよ。だけど、中世に細々と保存したのが修道院なんだ。で、ルネサンスで復活したわけだ。だから、保存すればいいの。

伊藤　ですね。なんかよく考えるんですよ。私たち絶滅しかけているって。

渡辺　いいの、だからインディアンになろう。インディアンで生き残ろう。少数派で。

伊藤　うん、そんな感じ。最後の一匹とか、最後の一〇匹とか、孤独だろうなと。

渡辺　楽しい世界を作れば残りますよ。楽しい世界を作れば、人は寄ってきますよ。

伊藤　そうですね。

渡辺　ところでさ、お父さんが亡くなって、つらくてしんどいことはなくなった?

伊藤　いや、今、連れ合いがね。頭は大丈夫なんですけど、首から下が動かない感じなんです。

渡辺　じゃあ、お世話が大変なんだ。

伊藤　お世話してないんですけど、どっか行くときに連れて行かなくちゃいけないんですよ。

渡辺　あなたはよくやるよね。天使だね。熊本ではそういうのを「のさってる」っていうんだよ。苦労を次から次に背負う人に対して、「あなたはのさってるね」って言うんだ。

伊藤　ああ、そういう意味なんだ。あのね、私がね、アメリカに行く直前ぐらいに、石牟礼さんのところに行って、「私、いまいろんなことを引きずってる」なんて愚痴こぼしたら、石牟礼さんがね、「引きずるのも人生ですよ」みたいなことを言ってくださったの。あれは大きかったですね。

渡辺　あの人は引きずりまくっている人ですからね(笑)。

伊藤　あははは。

渡辺　大変なんだよ。だから、僕がのさっているんだよ(笑)。だからさ、遊びましょ。昔はね、若いころに東京に行ってちょっと活躍したやつが地元に帰ってきてさ、威張っていたんだけど、今はそういうのがなくなっちゃった。だから、気楽に行こうよ。

伊藤　はい、気楽に行きます。

渡辺　でも、こういう文学の世界ではやっかみがどうしてもあるんだよね。

伊藤　気楽じゃないじゃないですか(笑)。

渡辺　比呂美さんみたいに、活躍していると、やっかみが出てくるからね。文学者の世界って、どうしてもそうだからね。そういうのは気にしないことだよ。

伊藤　でもね、京二さん、熊本にいてすごい楽だなと思ったのはね、東京から遠いんですよ。私が本当に属している東京の詩の世界からいつも遠いんですよ。一九八四年に熊本に来て以来、熊本、アメリカって、どんどん遠ざかっていって、この距離はもう捨てられないんですよ。

渡辺　ところで今の連れ合いはおいくつ。

伊藤　八六歳。頭はしっかりしているんですけど、関節炎で三分間も立てない。

渡辺　イギリス系アメリカ人？

伊藤　というか、ユダヤ系イギリス人。もうね、理屈っぽくて、口から生まれてきた感じで、議論ばっかりして、うっとうしいですよ（笑）。

渡辺　でもさ、熊本とアメリカを行き来するのって、お金かかるでしょ。

伊藤　それはコツが一個あって、もう考えないこと。丼勘定です。でも、かつかつです。稼いだ分をすべて飛行機代に使って生きている感じです。アメリカに行ってから、貯金なんか全然できませんよ。

渡辺　じゃあ、熊本で暮らしたらお金がじゃんじゃん貯まるじゃない。

伊藤　そうなんですよ。だから、私、熊本に帰ってきたいんです。老後のお金を貯めたい（笑）。

渡辺　今は物書きが東京住まいしなくちゃならないってことないもんね。十分、熊本でやっていけるじゃないか。でも、残念だね、あなたとお付き合いできるのも、一、二年かな。今年に入って、ずいぶん体が衰えたしな。

伊藤　もうちょっと大丈夫ですよ。人間ってそれから結構長いんですよ。あははは。

あとがき

去年の正月、『熊本日日新聞』で坂口恭平さんと対談をした。担当の文化部記者浪床敬子さんが、一回きりじゃなく、相手を変えて何人かと対談したみたらという。男の記者がそう言うのなら、気が動くはずもないのだが、利発な若い女性が言うものだからひっかかった。考えてみると、あの人はどういう人だろう、ちょっと話を聞いてみたいという人が何人かいる。だいたい私はむかし取った杵柄たる編集者根性がいまでも抜けず、インタヴュー、平たく言うと人のことを根掘り葉掘り聞くのが大好きなのである。

一年間の予定で始めた。「渡辺京二の気になる人」という総タイトルは私がつけた。しかし、「気になる人」がそう居るわけではなく、むかしからよく知っている人も雑えて、全部で九人しか相手が見つからなかった。でも、むかしから知っていると言っても、改めて考えてみると、その人について何も知らぬも同然ということに気づいて愕然とする。

とにかく話が聞けてよかった。特に私はもう長くは生きていないのだから、気になってもあまり話をしたことのなかった人とは一期一会、長いつきあいをして下さった人とは今生の別れをするようなつもりでお話が聞けた。生きられる場所というのはいろいろあるものだ、要は当人の〝わがまま〟の強さにある。そんなことを今更のように教えられた。

一生を生き通すのはむかしから大変なことだったが、いまはいまで特殊なむつかしさがあるのだろう。だが逆に、一生とはあっという間に否応なく過ぎてしまうものでもある。若い人たちがこの本を手に取って、登場なさっている人たちの生きかたに元気づけられることがあればよいのだが。

『熊日』紙上では紙面の制約で対談のほんの一部しか載せられなかったが、浪床さんが別に起こして下さったもっと詳しい対談記録が、『熊日』のホームページに掲載され、この本はその「ホームページ版」によっている。浪床さんのご苦労には感謝のほかない。この本の編集担当者足立恵美さんは、亜紀書房に居られた時『女子学生、渡辺京二に会いに行く』を本にして下さった方である。面倒くさがりの私を督励して出版に漕ぎつけていただき、これもまた感謝のほかはない。

著者識

二〇一五年三月三〇日

[初 出 一 覧]

本書は『熊本日日新聞』の「渡辺京二の気になる人」の下記の連載を1冊に加筆訂正してまとめた。

また本文中の写真もすべて熊本日日新聞社撮影のものを使用している。

◎建築家・作家の坂口恭平さん
　どこにも属せないから、世界をつくる（2014年1月3日）
◎「橙書店」店主の田尻久子さん
　人つなぐ場をつくる使命感があるのかな（2014年2月25日）
◎元熊本大教授アラン・ローゼンさん
　日本社会の良さと難しさ感じた（2014年3月28日）
◎長崎書店員・児玉真也さん
　分からない言葉の世界にひかれる（2014年4月29日）
◎画家・板井榮雄さん
　僕は今の日本でまったくの外国人（2014年5月22日）
◎「ボンジュール・プロヴァンス!」店主・田中啓子さん
　家族の協力で「夢」を現実に（2014年7月4日）
◎「カリガリ」元店主・磯あけみさん
　生きた言葉話す人集い、磁力あった（2014年8月26日）
◎農家兼画家・池田道明さん
　農業は生き方　畑は僕の作品（2014年9月30日）
◎詩人・伊藤比呂美さん
　超面白いもの　熊本の人に見せたい（2014年11月29日）

■ 著者について
渡辺京二（わたなべ・きょうじ）
1930年京都生まれ。大連一中、旧制第五高等学校文科を経て、法政大学社会学部卒業。評論家。河合文科教育研究所主任研究員。熊本市在住。著書に『北一輝』（ちくま学芸文庫、毎日出版文化賞受賞）、『逝きし世の面影』（平凡社ライブラリー、和辻哲郎文化賞受賞）、『万象の訪れ』（弦書房）、『黒船前夜』（洋泉社、大佛次郎賞受賞）、『無名の人生』（文春新書）、『女子学生、渡辺京二に会いに行く』（津田塾大学三砂ちづるゼミと共著、文春文庫）など多数がある。

気《き》になる人《ひと》

2015年5月30日　初版

著者　渡辺京二
発行者　株式会社晶文社
東京都千代田区神田神保町1-11
電話 03-3518-4940（代表）・4942（編集）
URL http://www.shobunsha.co.jp

印刷・製本　中央精版印刷株式会社

ISBN978-4-7949-6880-7 Printed in Japan